T&P BOOKS

I0150871

ÁRABE

VOCABULARIO

PALABRAS MÁS USADAS

ESPAÑOL-ÁRABE

Las palabras más útiles
Para expandir su vocabulario y refinar sus habilidades lingüísticas

7000 palabras

Vocabulario Español-Árabe Egipcio - 7000 palabras más usadas
por Andrey Taranov

Los vocabularios de T&P Books buscan ayudar en el aprendizaje, la memorización y la revisión de palabras de idiomas extranjeros. El diccionario se divide por temas, cubriendo toda la esfera de las actividades cotidianas, de negocios, ciencias, cultura, etc.

El proceso de aprendizaje de palabras utilizando los diccionarios temáticos de T&P Books le proporcionará a usted las siguientes ventajas:

- La información del idioma secundario está organizada claramente y predetermina el éxito para las etapas subsiguientes en la memorización de palabras.
- Las palabras derivadas de la misma raíz se agrupan, lo cual permite la memorización de grupos de palabras en vez de palabras aisladas.
- Las unidades pequeñas de palabras facilitan el proceso de reconocimiento de enlaces de asociación que se necesitan para la cohesión del vocabulario.
- De este modo, se puede estimar el número de palabras aprendidas y así también el nivel de conocimiento del idioma.

T&P Books Publishing
www.tpbooks.com

ISBN: 978-1-78716-735-3

Este libro está disponible en formato electrónico o de E-Book también.
Visite www.tpbooks.com o las librerías electrónicas más destacadas en la Red.

VOCABULARIO ÁRABE EGIPCIO
palabras más usadas

Los vocabularios de T&P Books buscan ayudar al aprendiz a aprender, memorizar y repasar palabras de idiomas extranjeros. Los vocabularios contienen más de 7000 palabras comúnmente usadas y organizadas de manera temática.

- El vocabulario contiene las palabras corrientes más usadas.
- Se recomienda como ayuda adicional a cualquier curso de idiomas.
- Capta las necesidades de aprendices de nivel principiante y avanzado.
- Es conveniente para uso cotidiano, prácticas de revisión y actividades de auto-evaluación.
- Facilita la evaluación del vocabulario.

Aspectos claves del vocabulario

- Las palabras se organizan según el significado, no según el orden alfabético.
- Las palabras se presentan en tres columnas para facilitar los procesos de repaso y auto-evaluación.
- Los grupos de palabras se dividen en pequeñas secciones para facilitar el proceso de aprendizaje.
- El vocabulario ofrece una transcripción sencilla y conveniente de cada palabra extranjera.

El vocabulario contiene 198 temas que incluyen lo siguiente:

Conceptos básicos, números, colores, meses, estaciones, unidades de medidas, ropa y accesorios, comida y nutrición, restaurantes, familia nuclear, familia extendida, características de personalidad, sentimientos, emociones, enfermedades, la ciudad y el pueblo, exploración del paisaje, compras, finanzas, la casa, el hogar, la oficina, el trabajo en oficina, importación y exportación, promociones, búsqueda de trabajo, deportes, educación, computación, la red, herramientas, la naturaleza, los países, las nacionalidades y más ...

TABLA DE CONTENIDO

GUíA DE PRONUNCIACIóN 10
ABREVIATURAS 12

CONCEPTOS BÁSICOS 13
Conceptos básicos. Unidad 1 13

1. Los pronombres 13
2. Saludos. Salutaciones. Despedidas 13
3. Números cardinales. Unidad 1 14
4. Números cardinales. Unidad 2 15
5. Números. Fracciones 15
6. Números. Operaciones básicas 16
7. Números. Miscelánea 16
8. Los verbos más importantes. Unidad 1 16
9. Los verbos más importantes. Unidad 2 17
10. Los verbos más importantes. Unidad 3 18
11. Los verbos más importantes. Unidad 4 19
12. Los colores 20
13. Las preguntas 21
14. Las palabras útiles. Los adverbios. Unidad 1 21
15. Las palabras útiles. Los adverbios. Unidad 2 23

Conceptos básicos. Unidad 2 25

16. Los opuestos 25
17. Los días de la semana 27
18. Las horas. El día y la noche 27
19. Los meses. Las estaciones 28
20. La hora. Miscelánea 29
21. Las líneas y las formas 30
22. Las unidades de medida 31
23. Contenedores 32
24. Materiales 33
25. Los metales 34

EL SER HUMANO 35
El ser humano. El cuerpo 35

26. El ser humano. Conceptos básicos 35
27. La anatomía humana 35

28. La cabeza 36
29. El cuerpo 37

La ropa y los accesorios 38

30. La ropa exterior. Los abrigos 38
31. Ropa de hombre y mujer 38
32. La ropa. La ropa interior 39
33. Gorras 39
34. El calzado 39
35. Los textiles. Las telas 40
36. Accesorios personales 40
37. La ropa. Miscelánea 41
38. Productos personales. Cosméticos 41
39. Las joyas 42
40. Los relojes 43

La comida y la nutrición 44

41. La comida 44
42. Las bebidas 45
43. Las verduras 46
44. Las frutas. Las nueces 47
45. El pan. Los dulces 48
46. Los platos 48
47. Las especias 49
48. Las comidas 50
49. Los cubiertos 50
50. El restaurante 51

La familia nuclear, los parientes y los amigos 52

51. La información personal. Los formularios 52
52. Los familiares. Los parientes 52
53. Los amigos. Los compañeros del trabajo 53
54. El hombre. La mujer 54
55. La edad 54
56. Los niños 55
57. El matrimonio. La vida familiar 56

Las características de personalidad. Los sentimientos 57

58. Los sentimientos. Las emociones 57
59. El carácter. La personalidad 58
60. El sueño. Los sueños 59
61. El humor. La risa. La alegría 60
62. La discusión y la conversación. Unidad 1 60
63. La discusión y la conversación. Unidad 2 61
64. La discusión y la conversación. Unidad 3 63
65. El acuerdo. El rechazo 63
66. El éxito. La buena suerte. El fracaso 64
67. Las discusiones. Las emociones negativas 64

La medicina 67

68. Las enfermedades 67
69. Los síntomas. Los tratamientos. Unidad 1 68
70. Los síntomas. Los tratamientos. Unidad 2 69
71. Los síntomas. Los tratamientos. Unidad 3 70
72. Los médicos 71
73. La medicina. Las drogas. Los accesorios 71
74. El tabaquismo. Los productos del tabaco 72

EL AMBIENTE HUMANO 73
La ciudad 73

75. La ciudad. La vida en la ciudad 73
76. Las instituciones urbanas 74
77. El transporte urbano 75
78. El turismo. La excursión 76
79. Las compras 77
80. El dinero 78
81. La oficina de correos 79

La vivienda. La casa. El hogar 80

82. La casa. La vivienda 80
83. La casa. La entrada. El ascensor 81
84. La casa. La puerta. La cerradura 81
85. La casa de campo 82
86. El castillo. El palacio 82
87. El apartamento 83
88. El apartamento. La limpieza 83
89. Los muebles. El interior 83
90. Los accesorios de cama 84
91. La cocina 84
92. El baño 85
93. Los aparatos domésticos 86
94. Los arreglos. La renovación 87
95. La plomería 87
96. El fuego. El incendio 88

LAS ACTIVIDADES DE LA GENTE 90
El trabajo. Los negocios. Unidad 1 90

97. La banca 90
98. El teléfono. Las conversaciones telefónicas 91
99. El teléfono celular 91
100. Los artículos de escritorio. La papelería 92

El trabajo. Los negocios. Unidad 2 93
101. Medios de comunicación de masas 93
102. La agricultura 94

103. La construcción. El proceso de construcción 95

Las profesiones y los oficios 97

104. La búsqueda de trabajo. El despido 97
105. Los negociantes 97
106. Los trabajos de servicio 98
107. La profesión militar y los rangos 99
108. Los oficiales. Los sacerdotes 100
109. Las profesiones agrícolas 100
110. Las profesiones artísticas 101
111. Profesiones diversas 101
112. Los trabajos. El estatus social 103

Los deportes 104

113. Tipos de deportes. Deportistas 104
114. Tipos de deportes. Miscelánea 105
115. El gimnasio 105
116. Los deportes. Miscelánea 106

La educación 108

117. La escuela 108
118. Los institutos. La Universidad 109
119. Las ciencias. Las disciplinas 110
120. Los sistemas de escritura. La ortografía 110
121. Los idiomas extranjeros 111
122. Los personajes de los cuentos de hadas 112
123. Los signos de zodiaco 113

El arte 114

124. El teatro 114
125. El cine 115
126. La pintura 116
127. La literatura y la poesía 117
128. El circo 117
129. La música. La música popular 118

El descanso. El entretenimiento. El viaje 120

130. Las vacaciones. El viaje 120
131. El hotel 120
132. Los libros. La lectura 121
133. La caza. La pesca 123
134. Los juegos. El billar 124
135. Los juegos. Las cartas 124
136. El descanso. Los juegos. Miscelánea 124
137. La fotografía 125
138. La playa. La natación 126

EL EQUIPO TÉCNICO. EL TRANSPORTE 127
El equipo técnico 127

139. El computador 127
140. El internet. El correo electrónico 128

El transporte 129

141. El avión 129
142. El tren 130
143. El barco 131
144. El aeropuerto 132
145. La bicicleta. La motocicleta 133

Los coches 134

146. El coche 134
147. El coche. El taller 134
148. El coche. El compartimiento de pasajeros 135
149. El coche. El motor 136
150. El coche. Accidente de tráfico. La reparación 137
151. El coche. El camino 138

LA GENTE. ACONTECIMIENTOS DE LA VIDA 140

152. Los días festivos. Los eventos 140
153. Los funerales. El entierro 141
154. La guerra. Los soldados 141
155. La guerra. El ámbito militar. Unidad 1 142
156. Las armas 144
157. Los pueblos antiguos 145
158. La Edad Media 146
159. El líder. El jefe. Las autoridades 147
160. Violar la ley. Los criminales. Unidad 1 148
161. Violar la ley. Los criminales. Unidad 2 149
162. La policía. La ley. Unidad 1 151
163. La policía. La ley. Unidad 2 152

LA NATURALEZA 154
La tierra. Unidad 1 154

164. El espacio 154
165. La tierra 155
166. Los puntos cardinales 156
167. El mar. El océano 156
168. Las montañas 157
169. Los ríos 158
170. El bosque 159
171. Los recursos naturales 160

La tierra. Unidad 2 161

172. El tiempo 161
173. Los eventos climáticos severos. Los desastres naturales 162

La fauna 163

174. Los mamíferos. Los predadores 163
175. Los animales salvajes 163
176. Los animales domésticos 164
177. Los perros. Las razas de perros 165
178. Los sonidos de los animales 166
179. Los pájaros 166
180. Los pájaros. El canto y los sonidos 168
181. Los peces. Los animales marinos 168
182. Los anfibios. Los reptiles 169
183. Los insectos 169
184. Los animales. Las partes del cuerpo 170
185. Los animales. El hábitat 170

La flora 172

186. Los árboles 172
187. Los arbustos 172
188. Los hongos 173
189. Las frutas. Las bayas 173
190. Las flores. Las plantas 174
191. Los cereales, los granos 175

GEOGRAFÍA REGIONAL 176

192. La política. El gobierno. Unidad 1 176
193. La política. El gobierno. Unidad 2 177
194. Los países. Miscelánea 178
195. Grupos religiosos principales. Las confesiones 179
196. Las religiones. Los sacerdotes 180
197. La fe. El cristianismo. El islamismo 180

MISCELÁNEA 183

198. Varias palabras útiles 183

GUÍA DE PRONUNCIACIÓN

T&P alfabeto fonético	Ejemplo Árabe Egipcio	Ejemplo español
[a]	[ṭaffa] طفّى	radio
[ā]	[eχtār] إختار	contraataque
[e]	[setta] ستّة	verano
[i]	[minā'] ميناء	ilegal
[ī]	[ebrīl] إبريل	destino
[o]	[oɣosṭos] أغسطس	bordado
[ō]	[ḥalazōn] حلزون	domicilio
[u]	[kalkutta] كلكتا	mundo
[ū]	[gamūs] جاموس	nocturna
[b]	[bedāya] بداية	en barco
[d]	[sa'āda] سعادة	desierto
[ḍ]	[waḍˤ] وضع	[d] faríngea
[ʒ]	[arʒantīn] الأرجنتين	adyacente
[ẓ]	[ẓahar] ظهر	[z] faríngea
[f]	[χafīf] خفيف	golf
[g]	[bahga] بهجة	jugada
[h]	[ettegāh] إتّجاه	registro
[ḥ]	[ḥabb] حبّ	[h] faríngea
[y]	[dahaby] ذهبي	asiento
[k]	[korsy] كرسي	charco
[l]	[lammaḥ] لمّح	lira
[m]	[marṣad] مرصد	nombre
[n]	[ganūb] جنوب	sonar
[p]	[kaputʃino] كابتشينو	precio
[q]	[wasaq] وثق	catástrofe
[r]	[roḥe] روح	era, alfombra
[s]	[soχreya] سخرية	salva
[ṣ]	[me'ṣam] معصم	[s] faríngea
[ʃ]	['aʃā'] عشاء	shopping
[t]	[tanūb] تنوب	torre
[ṭ]	[χarīṭa] خريطة	[t] faríngea
[θ]	[mamūθ] ماموث	pinzas
[v]	[vietnām] فيتنام	travieso
[w]	[waddaˤ] ودّع	acuerdo
[χ]	[baχīl] بخيل	reloj
[ɣ]	[etɣadda] إتغدّى	amigo, magnífico
[z]	[me'za] معزة	desde

T&P alfabeto fonético	Ejemplo Árabe Egipcio	Ejemplo español
['] (ayn)	**[sab'a]** سبعة	fricativa faríngea sonora
['] (hamza)	**[sa'al]** سأل	oclusiva glotal sorda

ABREVIATURAS
usadas en el vocabulario

Abreviatura en Árabe Egipcio

du	-	sustantivo plural (doble)
f	-	sustantivo femenino
m	-	sustantivo masculino
pl	-	plural

Abreviatura en español

adj	-	adjetivo
adv	-	adverbio
anim.	-	animado
conj	-	conjunción
etc.	-	etcétera
f	-	sustantivo femenino
f pl	-	femenino plural
fam.	-	uso familiar
fem.	-	femenino
form.	-	uso formal
inanim.	-	inanimado
innum.	-	innumerable
m	-	sustantivo masculino
m pl	-	masculino plural
m, f	-	masculino, femenino
masc.	-	masculino
mat	-	matemáticas
mil.	-	militar
num.	-	numerable
p.ej.	-	por ejemplo
pl	-	plural
pron	-	pronombre
sg	-	singular
v aux	-	verbo auxiliar
vi	-	verbo intransitivo
vi, vt	-	verbo intransitivo, verbo transitivo
vr	-	verbo reflexivo
vt	-	verbo transitivo

CONCEPTOS BÁSICOS

Conceptos básicos. Unidad 1

1. Los pronombres

yo	ana	أنا
tú (masc.)	enta	أنت
tú (fem.)	enty	أنت
él	howwa	هوّ
ella	hiya	هيّ
nosotros, -as	eḥna	إحنا
vosotros, -as	antom	أنتم
ellos, ellas	hamm	همّ

2. Saludos. Salutaciones. Despedidas

¡Hola! (form.)	assalamu 'alaykum!	السلام عليكم!
¡Buenos días!	ṣabāḥ el χeyr!	صباح الخير!
¡Buenas tardes!	neharak saʿīd!	نهارك سعيد!
¡Buenas noches!	masāʾ el χeyr!	مساء الخير!
decir hola	sallem	سلّم
¡Hola! (a un amigo)	ahlan!	أهلاً!
saludo (m)	salām (m)	سلام
saludar (vt)	sallem ʿala	سلّم على
¿Cómo estás?	ezzayek?	ازيّك؟
¿Qué hay de nuevo?	aχbārak eyh?	أخبارك ايه؟
¡Chau! ¡Adiós!	maʿ el salāma!	مع السلامة!
¡Hasta pronto!	aʃūfak orayeb!	أشوفك قريب!
¡Adiós!	maʿ el salāma!	مع السلامة!
despedirse (vr)	waddaʿ	ودّع
¡Hasta luego!	bay bay!	باي باي!
¡Gracias!	ʃokran!	شكراً!
¡Muchas gracias!	ʃokran geddan!	شكراً جداً!
De nada	el ʿafw	العفو
No hay de qué	la ʃokr ʿala wāgeb	لا شكر على واجب
De nada	el ʿafw	العفو
¡Disculpa!	ʿan eznak!	عن إذنك!
¡Disculpe!	baʿd ezn ḥadretak!	بعد إذن حضرتك!
disculpar (vt)	ʿazar	عذر
disculparse (vr)	eʿtazar	أعتذر

Mis disculpas	ana 'āsef	أنا آسف
¡Perdóneme!	ana 'āsef!	أنا آسف!
perdonar (vt)	ʿafa	عفا
por favor	men faḍlak	من فضلك
¡No se le olvide!	ma tensāʃ!	ما تنساش!
¡Ciertamente!	ṭabʿan!	طبعاً!
¡Claro que no!	la' ṭabʿan!	لأ طبعاً!
¡De acuerdo!	ettafa'na!	إتّفقنا!
¡Basta!	kefāya!	كفاية!

3. Números cardinales. Unidad 1

cero	ṣefr	صفر
uno	wāḥed	واحد
una	waḥda	واحدة
dos	etneyn	إتنين
tres	talāta	ثلاثة
cuatro	arbaʿa	أربعة
cinco	χamsa	خمسة
seis	setta	ستّة
siete	sabʿa	سبعة
ocho	tamanya	ثمانية
nueve	tesʿa	تسعة
diez	ʿaʃara	عشرة
once	ḥedāʃar	حداشر
doce	etnāʃar	إتناشر
trece	talattāʃar	تلاتّاشر
catorce	arbaʿtāʃer	أربعتاشر
quince	χamastāʃer	خمستاشر
dieciséis	settāʃar	ستّاشر
diecisiete	sabaʿtāʃar	سبعتاشر
dieciocho	tamantāʃar	تمنتاشر
diecinueve	tesʿatāʃar	تسعتاشر
veinte	ʿeʃrīn	عشرين
veintiuno	wāḥed we ʿeʃrīn	واحد وعشرين
veintidós	etneyn we ʿeʃrīn	إتنين وعشرين
veintitrés	talāta we ʿeʃrīn	ثلاثة وعشرين
treinta	talatīn	ثلاثين
treinta y uno	wāḥed we talatīn	واحد وتلاتين
treinta y dos	etneyn we talatīn	إتنين وتلاتين
treinta y tres	talāta we talatīn	ثلاثة وثلاثين
cuarenta	arbeʿīn	أربعين
cuarenta y uno	wāḥed we arbeʿīn	واحد وأربعين
cuarenta y dos	etneyn we arbeʿīn	إتنين وأربعين
cuarenta y tres	talāta we arbeʿīn	ثلاثة وأربعين
cincuenta	χamsīn	خمسين
cincuenta y uno	wāḥed we χamsīn	واحد وخمسين

cincuenta y dos	etneyn we χamsīn	إتنين وخمسين
cincuenta y tres	talāta we χamsīn	ثلاثة وخمسين
sesenta	settīn	ستّين
sesenta y uno	wāḥed we settīn	واحد وستّين
sesenta y dos	etneyn we settīn	إتنين وستّين
sesenta y tres	talāta we settīn	ثلاثة وستّين
setenta	sabʿīn	سبعين
setenta y uno	wāḥed we sabʿīn	واحد وسبعين
setenta y dos	etneyn we sabʿīn	إتنين وسبعين
setenta y tres	talāta we sabʿīn	ثلاثة وسبعين
ochenta	tamanīn	ثمانين
ochenta y uno	wāḥed we tamanīn	واحد وتمانين
ochenta y dos	etneyn we tamanīn	إتنين وتمانين
ochenta y tres	talāta we tamanīn	ثلاثة وثمانين
noventa	tesʿīn	تسعين
noventa y uno	wāḥed we tesʿīn	واحد وتسعين
noventa y dos	etneyn we tesʿīn	إتنين وتسعين
noventa y tres	talāta we tesʿīn	ثلاثة وتسعين

4. Números cardinales. Unidad 2

cien	miya	ميّة
doscientos	meteyn	ميتين
trescientos	toltomiya	تلتميّة
cuatrocientos	robʿomiya	ربعميّة
quinientos	χomsomiya	خمسميّة
seiscientos	sotomiya	ستميّة
setecientos	sobʿomiya	سبعميّة
ochocientos	tomnomeʾa	ثمنمئة
novecientos	tosʿomiya	تسعميّة
mil	alf	ألف
dos mil	alfeyn	ألفين
tres mil	talat ʾālāf	ثلاث آلاف
diez mil	ʿaʃaret ʾālāf	عشرة آلاف
cien mil	mīt alf	ميت ألف
millón (m)	millyon (m)	مليون
mil millones	millyār (m)	مليار

5. Números. Fracciones

fracción (f)	kasr (m)	كسر
un medio	noṣṣ	نصّ
un tercio	telt	ثلث
un cuarto	robʿ	ربع
un octavo	tomn	تمن
un décimo	ʿoʃr	عشر

dos tercios	teleyn	تلتين
tres cuartos	talātet arbāʿ	ثلاثة أرباع

6. Números. Operaciones básicas

sustracción (f)	ṭarḥ (m)	طرح
sustraer (vt)	ṭaraḥ	طرح
división (f)	ʾesma (f)	قسمة
dividir (vt)	ʾasam	قسم
adición (f)	gamʿ (m)	جمع
sumar (totalizar)	gamaʿ	جمع
adicionar (vt)	gamaʿ	جمع
multiplicación (f)	ḍarb (m)	ضرب
multiplicar (vt)	ḍarab	ضرب

7. Números. Miscelánea

cifra (f)	raqam (m)	رقم
número (m) (~ cardinal)	ʿadad (m)	عدد
numeral (m)	ʿadady (m)	عددي
menos (m)	nāʾeṣ (m)	ناقص
más (m)	zāʾed (m)	زائد
fórmula (f)	moʿadla (f)	معادلة
cálculo (m)	ḥesāb (m)	حساب
contar (vt)	ʿadd	عدّ
calcular (vt)	ḥasab	حسب
comparar (vt)	qāran	قارن
¿Cuánto?	kām?	كام؟
suma (f)	magmūʿ (m)	مجموع
resultado (m)	natīga (f)	نتيجة
resto (m)	bāʾy (m)	باقي
algunos, algunas ...	kām	كام
poco (adv)	ʃewaya	شوية
resto (m)	el bāʾy (m)	الباقي
uno y medio	wāḥed w noṣṣ (m)	واحد ونصّ
docena (f)	desta (f)	دستة
en dos	le noṣṣeyn	لنصّين
en partes iguales	bel tasāwy	بالتساوى
mitad (f)	noṣṣ (m)	نصّ
vez (f)	marra (f)	مرّة

8. Los verbos más importantes. Unidad 1

abrir (vt)	fataḥ	فتح
acabar, terminar (vt)	χallaṣ	خلّص

aconsejar (vt)	naṣaḥ	نصح
adivinar (vt)	χammen	خمّن
advertir (vt)	ḥazzar	حذّر
alabarse, jactarse (vr)	tabāha	تباهى
almorzar (vi)	etɣadda	إتغدّى
alquilar (~ una casa)	est'gar	إستأجر
amenazar (vt)	hadded	هدّد
arrepentirse (vr)	nedem	ندم
ayudar (vt)	sā'ed	ساعد
bañarse (vr)	sebeḥ	سبح
bromear (vi)	hazzar	هزّر
buscar (vt)	dawwar 'ala	دوّر على
caer (vi)	we'e'	وقع
callarse (vr)	seket	سكت
cambiar (vt)	ɣayar	غيّر
castigar, punir (vt)	'āqab	عاقب
cavar (vt)	ḥafar	حفر
cazar (vi, vt)	eṣṭād	اصطاد
cenar (vi)	et'asʃa	إتعشّى
cesar (vt)	baṭṭal	بطّل
coger (vt)	mesek	مسك
comenzar (vt)	bada'	بدأ
comparar (vt)	qāran	قارن
comprender (vt)	fehem	فهم
confiar (vt)	wasaq	وثق
confundir (vt)	etlaχbaṭ	إتلخبط
conocer (~ a alguien)	'eref	عرف
contar (vt) (enumerar)	'add	عدّ
contar con ...	e'tamad 'ala ...	إعتمد على...
continuar (vt)	wāṣel	واصل
controlar (vt)	et-ḥakkem	إتحكّم
correr (vi)	gery	جري
costar (vt)	kallef	كلّف
crear (vt)	'amal	عمل

9. Los verbos más importantes. Unidad 2

dar (vt)	edda	إدّى
dar una pista	edda lamḥa	إدّى لمحة
decir (vt)	'āl	قال
decorar (para la fiesta)	zayen	زيّن
defender (vt)	dāfa'	دافع
dejar caer	wa''a'	وقّع
desayunar (vi)	feṭer	فطر
descender (vi)	nezel	نزل
dirigir (administrar)	adār	أدار
disculparse (vr)	e'tazar	إعتذر

| discutir (vt) | nã'eʃ | ناقش |
| dudar (vt) | ʃakk fe | شكَّ في |

encontrar (hallar)	la'a	لقى
engañar (vi, vt)	χadaʿ	خدع
entrar (vi)	daχal	دخل
enviar (vt)	arsal	أرسل

equivocarse (vr)	ɣeleṭ	غلط
escoger (vt)	eχtār	إختار
esconder (vt)	χabba	خبّأ
escribir (vt)	katab	كتب
esperar (aguardar)	estanna	إستنّى

esperar (tener esperanza)	tamanna	تمنّى
estar de acuerdo	ettafa'	إتّفق
estudiar (vt)	daras	درس

exigir (vt)	ṭāleb	طالب
existir (vi)	kān mawgūd	كان موجود
explicar (vt)	ʃaraḥ	شرح
faltar (a las clases)	ɣāb	غاب
firmar (~ el contrato)	waqqaʿ	وقَّع

girar (~ a la izquierda)	ḥād	حاد
gritar (vi)	ṣarraχ	صرَّخ
guardar (conservar)	ḥafaz	حفظ
gustar (vi)	ʿagab	عجب
hablar (vi, vt)	kallem	كلَّم

hacer (vt)	ʿamal	عمل
informar (vt)	'āl ly	قال لي
insistir (vi)	aṣarr	أصرّ
insultar (vt)	ahān	أهان

interesarse (vr)	ehtamm be	إهتمَ بـ
invitar (vt)	ʿazam	عزم
ir (a pie)	meʃy	مشى
jugar (divertirse)	leʿeb	لعب

10. Los verbos más importantes. Unidad 3

leer (vi, vt)	'ara	قرأ
liberar (ciudad, etc.)	ḥarrar	حرَّر
llamar (por ayuda)	estaɣās	إستغاث
llegar (vi)	weṣel	وصل
llorar (vi)	baka	بكى

matar (vt)	'atal	قتل
mencionar (vt)	zakar	ذكر
mostrar (vt)	warra	ورَّى
nadar (vi)	ʿām	عام
negarse (vr)	rafaḍ	رفض
objetar (vt)	eʿtaraḍ	إعترض

observar (vt)	rāqab	راقب
oír (vt)	seme'	سمع
olvidar (vt)	nesy	نسي
orar (vi)	ṣalla	صلّى
ordenar (mil.)	amar	أمر
pagar (vi, vt)	dafa'	دفع
pararse (vr)	wa''af	وقّف
participar (vi)	ʃārek	شارك
pedir (ayuda, etc.)	ṭalab	طلب
pedir (en restaurante)	ṭalab	طلب
pensar (vi, vt)	fakkar	فكّر
percibir (ver)	lāḥaẓ	لاحظ
perdonar (vt)	'afa	عفا
permitir (vt)	samaḥ	سمح
pertenecer a ...	χaṣṣ	خصّ
planear (vt)	χaṭṭeṭ	خطّط
poder (v aux)	'eder	قدر
poseer (vt)	malak	ملك
preferir (vt)	faḍḍal	فضّل
preguntar (vt)	sa'al	سأل
preparar (la cena)	ḥaḍḍar	حضّر
prever (vt)	tanabba'	تنبّأ
probar, tentar (vt)	ḥāwel	حاول
prometer (vt)	wa'ad	وعد
pronunciar (vt)	naṭa'	نطق
proponer (vt)	'araḍ	عرض
quebrar (vt)	kasar	كسر
quejarse (vr)	ʃaka	شكا
querer (amar)	ḥabb	حبّ
querer (desear)	'āyez	عايز

11. Los verbos más importantes. Unidad 4

recomendar (vt)	naṣaḥ	نصح
regañar, reprender (vt)	wabbeχ	وبّخ
reírse (vr)	ḍeḥek	ضحك
repetir (vt)	karrar	كرّر
reservar (~ una mesa)	ḥagaz	حجز
responder (vi, vt)	gāwab	جاوب
robar (vt)	sara'	سرق
saber (~ algo mas)	'eref	عرف
salir (vi)	χarag	خرج
salvar (vt)	anqaz	أنقذ
seguir ...	tatabba'	تتبّع
sentarse (vr)	'a'ad	قعد
ser necesario	maṭlūb	مطلوب
ser, estar (vi)	kān	كان

significar (vt)	ʼaṣad	قصد
sonreír (vi)	ebtasam	إبتسم
sorprenderse (vr)	etfāgeʼ	إتفاجئ
subestimar (vt)	estaχaff	إستخفّ
tener (vt)	malak	ملك
tener hambre	ʻāyez ʼākol	عايز آكل
tener miedo	χāf	خاف
tener prisa	estaʻgel	إستعجل
tener sed	ʻāyez aʃrab	عايز أشرب
tirar, disparar (vi)	ḍarab bel nār	ضرب بالنار
tocar (con las manos)	lamas	لمس
tomar (vt)	aχad	أخد
tomar nota	katab	كتب
trabajar (vi)	eʃtaɣal	إشتغل
traducir (vt)	targem	ترجم
unir (vt)	waḥḥed	وحّد
vender (vt)	bāʻ	باع
ver (vt)	ʃāf	شاف
volar (pájaro, avión)	ṭār	طار

12. Los colores

color (m)	lone (m)	لون
matiz (m)	daraget el lōn (m)	درجة اللون
tono (m)	ṣabɣet lōn (f)	صبغة اللون
arco (m) iris	qose qozaḥ (m)	قوس قزح
blanco (adj)	abyaḍ	أبيض
negro (adj)	aswad	أسود
gris (adj)	romādy	رمادي
verde (adj)	aχḍar	أخضر
amarillo (adj)	aṣfar	أصفر
rojo (adj)	aḥmar	أحمر
azul (adj)	azraʼ	أزرق
azul claro (adj)	azraʼ fāteḥ	أزرق فاتح
rosa (adj)	wardy	وردي
naranja (adj)	bortoqāly	برتقالّي
violeta (adj)	banaffsegy	بنفّسجي
marrón (adj)	bonny	بنّي
dorado (adj)	dahaby	ذهبي
argentado (adj)	feḍḍy	فضّي
beige (adj)	bɛ:ʒ	بيج
crema (adj)	ʻāgy	عاجّي
turquesa (adj)	fayrūzy	فيروزي
rojo cereza (adj)	aḥmar karazy	أحمر كرزي
lila (adj)	laylaky	ليّلكي
carmesí (adj)	qormozy	قرمزي

claro (adj)	fāteḥ	فاتح
oscuro (adj)	ɣāme'	غامق
vivo (adj)	zāhy	زاهي
de color (lápiz ~)	melawwen	ملوّن
en colores (película ~)	melawwen	ملوّن
blanco y negro (adj)	abyaḍ we aswad	أبيض وأسوّد
unicolor (adj)	sāda	سادة
multicolor (adj)	mota'added el alwān	متعدّد الألوان

13. Las preguntas

¿Quién?	mīn?	مين؟
¿Qué?	eyh?	ايه؟
¿Dónde?	feyn?	فين؟
¿Adónde?	feyn?	فين؟
¿De dónde?	meneyn?	منين؟
¿Cuándo?	emta	امتى؟
¿Para qué?	'aʃān eyh?	عشان ايه؟
¿Por qué?	leyh?	ليه؟
¿Por qué razón?	l eyh?	لـ ليه؟
¿Cómo?	ezāy?	إزاي؟
¿Qué ...? (~ color)	eyh?	ايه؟
¿Cuál?	ayī?	أيّ؟
¿A quién?	le mīn?	لمين؟
¿De quién? (~ hablan ...)	'an mīn?	عن مين؟
¿De qué?	'an eyh?	عن ايه؟
¿Con quién?	ma' mīn?	مع مين؟
¿Cuánto?	kām?	كام؟
¿De quién? (~ es este ...)	betā'et mīn?	بتاعت مين؟

14. Las palabras útiles. Los adverbios. Unidad 1

¿Dónde?	feyn?	فين؟
aquí (adv)	hena	هنا
allí (adv)	henāk	هناك
en alguna parte	fe makānen ma	في مكان ما
en ninguna parte	meʃ fi ayī makān	مش في أيّ مكان
junto a ...	ganb	جنب
junto a la ventana	ganb el ʃebbāk	جنب الشبّاك
¿A dónde?	feyn?	فين؟
aquí (venga ~)	hena	هنا
allí (vendré ~)	henāk	هناك
de aquí (adv)	men hena	من هنا
de allí (adv)	men henāk	من هناك
cerca (no lejos)	'arīb	قريب

lejos (adv)	beʿīd	بعيد
cerca de …	ʿand	عند
al lado (de …)	ʾarīb	قريب
no lejos (adv)	meʃ beʿīd	مش بعيد
izquierdo (adj)	el ʃemāl	الشمال
a la izquierda (situado ~)	ʿalal ʃemāl	على الشمال
a la izquierda (girar ~)	lel ʃemāl	للشمال
derecho (adj)	el yemīn	اليمين
a la derecha (situado ~)	ʿalal yemīn	على اليمين
a la derecha (girar)	lel yemīn	لليمين
delante (yo voy ~)	ʾoddām	قدّام
delantero (adj)	amāmy	أمامي
adelante (movimiento)	ela el amām	إلى الأمام
detrás de …	waraʾ	وراء
desde atrás	men wara	من ورّا
atrás (da un paso ~)	le wara	لورّا
centro (m), medio (m)	wasaṭ (m)	وسط
en medio (adv)	fel wasat	في الوسط
de lado (adv)	ʿala ganb	على جنب
en todas partes	fe kol makān	في كل مكان
alrededor (adv)	ḥawaleyn	حوالين
de dentro (adv)	men gowwah	من جوّه
a alguna parte	le ʾayī makān	لأي مكان
todo derecho (adv)	ʿala ṭūl	على طول
atrás (muévelo para ~)	rogūʿ	رجوع
de alguna parte (adv)	men ayī makān	من أيّ مكان
no se sabe de dónde	men makānen mā	من مكان ما
primero (adv)	awwalan	أوّلاً
segundo (adv)	sāneyan	ثانياً
tercero (adv)	sālesan	ثالثاً
de súbito (adv)	fagʾa	فجأة
al principio (adv)	fel bedāya	في البداية
por primera vez	le ʾawwel marra	لأوّل مرّة
mucho tiempo antes …	ʾabl … be modda ṭawīla	قبل... بمدة طويلة
de nuevo (adv)	men gedīd	من جديد
para siempre (adv)	lel abad	للأبد
jamás, nunca (adv)	abadan	أبداً
de nuevo (adv)	tāny	تاني
ahora (adv)	delwaʾty	دلوقتي
frecuentemente (adv)	ketīr	كثير
entonces (adv)	waʾtaha	وقتها
urgentemente (adv)	ʿala ṭūl	على طول
usualmente (adv)	ʿādatan	عادةً
a propósito, …	ʿala fekra …	على فكرة...
es probable	momken	ممكن

probablemente (adv)	momken	ممكن
tal vez	momken	ممكن
además ...	bel eḏāfa ela ...	بالإضافة إلى...
por eso ...	ʿaʃān keda	عشان كده
a pesar de ...	bel raɣm men ...	بالرغم من...
gracias a ...	be fadl ...	بفضل...
qué (pron)	elly	إللي
que (conj)	ennu	إنّه
algo (~ le ha pasado)	ḥāga (f)	حاجة
algo (~ así)	ayī ḥāga (f)	أيّ حاجة
nada (f)	wala ḥāga	ولا حاجة
quien	elly	إللي
alguien (viene ~)	ḥadd	حدّ
alguien (¿ha llamado ~?)	ḥadd	حدّ
nadie	wala ḥadd	ولا حدّ
a ninguna parte	meʃ le wala makān	مش لـ ولا مكان
de nadie	wala ḥadd	ولا حدّ
de alguien	le ḥadd	لحدّ
tan, tanto (adv)	geddan	جداً
también (~ habla francés)	kamān	كمان
también (p.ej. Yo ~)	kamān	كمان

15. Las palabras útiles. Los adverbios. Unidad 2

¿Por qué?	leyh?	ليه؟
no se sabe porqué	le sabeben ma	لسبب ما
porque ...	ʿaʃān ...	عشان ...
por cualquier razón (adv)	le hadafen mā	لهدف ما
y (p.ej. uno y medio)	w	و
o (p.ej. té o café)	walla	ولّا
pero (p.ej. me gusta, ~)	bass	بسّ
para (p.ej. es para ti)	ʿaʃān	عشان
demasiado (adv)	ketīr geddan	كتير جدّاً
sólo, solamente (adv)	bass	بسّ
exactamente (adv)	bel ḏabṭ	بالضبط
unos ..., cerca de ... (~ 10 kg)	naḥw	نحو
aproximadamente	naḥw	نحو
aproximado (adj)	taqrīby	تقريبي
casi (adv)	taʾrīban	تقريباً
resto (m)	el bāʾy (m)	الباقي
cada (adj)	koll	كلّ
cualquier (adj)	ayī	أيّ
mucho (adv)	ketīr	كتير
muchos (mucha gente)	nās ketīr	ناس كتير
todos	koll el nās	كلّ الناس

a cambio de ...	fi moqābel ...	... في مقابل
en cambio (adv)	fe moqābel	في مقابل
a mano (hecho ~)	bel yad	باليد
poco probable	bel kād	بالكاد
probablemente	momken	ممكن
a propósito (adv)	bel ʾaṣd	بالقصد
por accidente (adv)	bel ṣodfa	بالصدفة
muy (adv)	ʾawy	قويّ
por ejemplo (adv)	masalan	مثلاً
entre (~ nosotros)	beyn	بين
entre (~ otras cosas)	wesṭ	وسط
tanto (~ gente)	ketīr	كتير
especialmente (adv)	χāṣṣa	خاصّة

Conceptos básicos. Unidad 2

16. Los opuestos

rico (adj)	ɣany	غني
pobre (adj)	faʾīr	فقير
enfermo (adj)	marīḍ	مريض
sano (adj)	salīm	سليم
grande (adj)	kebīr	كبير
pequeño (adj)	ṣaɣīr	صغير
rápidamente (adv)	bosorʿa	بسرعة
lentamente (adv)	bo boṭʾ	ببطء
rápido (adj)	sareeʿ	سريع
lento (adj)	baṭīʾ	بطيء
alegre (adj)	farḥān	فرحان
triste (adj)	ḥazīn	حزين
juntos (adv)	maʿ baʿḍ	مع بعض
separadamente	le waḥdo	لوحده
en voz alta	beṣote ʿāly	بصوت عالي
en silencio	beṣamt	بصمت
alto (adj)	ʿāly	عالي
bajo (adj)	wāṭy	واطي
profundo (adj)	ʿamīq	عميق
poco profundo (adj)	ḍaḥl	ضحل
sí	aywa	أيوه
no	laʾ	لأ
lejano (adj)	beʿīd	بعيد
cercano (adj)	ʾarīb	قريب
lejos (adv)	beʿīd	بعيد
cerco (adv)	ʾarīb	قريب
largo (adj)	ṭawīl	طويل
corto (adj)	ʾaṣīr	قصير
bueno (de buen corazón)	ṭayeb	طيّب
malvado (adj)	ʃerrīr	شرير

casado (adj)	metgawwez	متجوّز
soltero (adj)	a'zab	أعزب
prohibir (vt)	mana'	منع
permitir (vt)	samaḥ	سمح
fin (m)	nehāya (f)	نهاية
principio (m)	bedāya (f)	بداية
izquierdo (adj)	el ʃemāl	الشمال
derecho (adj)	el yemīn	اليمين
primero (adj)	awwel	أوّل
último (adj)	'āχer	آخر
crimen (m)	garīma (f)	جريمة
castigo (m)	'eqāb (m)	عقاب
ordenar (vt)	amar	أمر
obedecer (vi, vt)	ṭā'	طاع
recto (adj)	mostaqīm	مستقيم
curvo (adj)	monḥany	منحني
paraíso (m)	el ganna (f)	الجنّة
infierno (m)	el gaḥīm (f)	الجحيم
nacer (vi)	etwalad	إتوّلد
morir (vi)	māt	مات
fuerte (adj)	'awy	قوّي
débil (adj)	ḍa'īf	ضعيف
viejo (adj)	'agūz	عجوز
joven (adj)	ʃāb	شاب
viejo (adj)	'adīm	قديم
nuevo (adj)	gedīd	جديد
duro (adj)	ṣalb	صلب
blando (adj)	ṭary	طري
tibio (adj)	dāfy	دافي
frío (adj)	bāred	بارد
gordo (adj)	teχīn	تخين
delgado (adj)	rofaya'	رفيّع
estrecho (adj)	ḍaye'	ضيّق
ancho (adj)	wāse'	واسع
bueno (adj)	kewayes	كويّس
malo (adj)	weḥeʃ	وحش
valiente (adj)	ʃogā'	شجاع
cobarde (adj)	gabān	جبان

17. Los días de la semana

lunes (m)	el etneyn (m)	الإتنين
martes (m)	el talāt (m)	التلات
miércoles (m)	el arbe'ā' (m)	الأربعاء
jueves (m)	el χamīs (m)	الخميس
viernes (m)	el gom'a (m)	الجمعة
sábado (m)	el sabt (m)	السبت
domingo (m)	el aḥad (m)	الأحد
hoy (adv)	el naharda	النهارده
mañana (adv)	bokra	بكرة
pasado mañana	ba'd bokra (m)	بعد بكرة
ayer (adv)	embāreḥ	امبارح
anteayer (adv)	awwel embāreḥ	أوّل امبارح
día (m)	yome (m)	يوم
día (m) de trabajo	yome 'amal (m)	يوم عمل
día (m) de fiesta	agāza rasmiya (f)	أجازة رسميّة
día (m) de descanso	yome el agāza (m)	يوم أجازة
fin (m) de semana	nehāyet el osbū' (f)	نهاية الأسبوع
todo el día	ṭūl el yome	طول اليوم
al día siguiente	fel yome elly ba'dīh	في اليوم اللي بعديه
dos días atrás	men yomeyn	من يومين
en vísperas (adv)	fel yome elly 'ablo	في اليوم اللي قبله
diario (adj)	yawmy	يومي
cada día (adv)	yawmiyan	يومياً
semana (f)	osbū' (m)	أسبوع
semana (f) pasada	el esbū' elly fāt	الأسبوع اللي فات
semana (f) que viene	el esbū' elly gayī	الأسبوع اللي جاي
semanal (adj)	osbū'y	أسبوعي
cada semana (adv)	osbū'iyan	أسبوعياً
2 veces por semana	marreteyn fel osbū'	مرّتين في الأسبوع
todos los martes	koll solasā'	كلّ ثلاثاء

18. Las horas. El día y la noche

mañana (f)	ṣobḥ (m)	صبح
por la mañana	fel ṣobḥ	في الصبح
mediodía (m)	ẓohr (m)	ظهر
por la tarde	ba'd el ḍohr	بعد الظهر
noche (f)	leyl (m)	ليل
por la noche	bel leyl	بالليل
noche (f) (p.ej. 2:00 a.m.)	leyl (m)	ليل
por la noche	bel leyl	بالليل
medianoche (f)	noṣṣ el leyl (m)	نصّ الليل
segundo (m)	sanya (f)	ثانية
minuto (m)	de'ī'a (f)	دقيقة
hora (f)	sā'a (f)	ساعة

media hora (f)	noṣṣ sāʿa (m)	نصّ ساعة
cuarto (m) de hora	robʿ sāʿa (f)	ربع ساعة
quince minutos	χamastāʃer deʾīʾa	خمستاشر دقيقة
veinticuatro horas	arbaʿa we ʿeʃrīn sāʿa	أربعة وعشرين ساعة
salida (f) del sol	ʃorūʾ el ʃams (m)	شروق الشمس
amanecer (m)	fagr (m)	فجر
madrugada (f)	ṣobḥ badry (m)	صبح بدري
puesta (f) del sol	ɣorūb el ʃams (m)	غروب الشمس
de madrugada	el ṣobḥ badry	الصبح بدري
esta mañana	el naharda el ṣobḥ	النهاردة الصبح
mañana por la mañana	bokra el ṣobḥ	بكرة الصبح
esta tarde	el naharda baʿd el ḍohr	النهاردة بعد الظهر
por la tarde	baʿd el ḍohr	بعد الظهر
mañana por la tarde	bokra baʿd el ḍohr	بكرة بعد الظهر
esta noche (p.ej. 8:00 p.m.)	el naharda bel leyl	النهاردة بالليل
mañana por la noche	bokra bel leyl	بكرة بالليل
a las tres en punto	es sāʿa talāta bel ḍabṭ	الساعة تلاتة بالضبط
a eso de las cuatro	es sāʿa arbaʿa taʾrīban	الساعة أربعة تقريبا
para las doce	ḥatt es sāʿa etnāʃar	حتى الساعة إتناشر
dentro de veinte minutos	fe χelāl ʿeʃrīn deʿeeʿa	في خلال عشرين دقيقة
dentro de una hora	fe χelāl sāʿa	في خلال ساعة
a tiempo (adv)	fe mawʿedo	في موعده
... menos cuarto	ella robʿ	إلّا ربع
durante una hora	χelāl sāʿa	خلال ساعة
cada quince minutos	koll robʿ sāʿa	كلّ ربع ساعة
día y noche	leyl nahār	ليل نهار

19. Los meses. Las estaciones

enero (m)	yanāyer (m)	يناير
febrero (m)	febrāyer (m)	فبراير
marzo (m)	māres (m)	مارس
abril (m)	ebrīl (m)	إبريل
mayo (m)	māyo (m)	مايو
junio (m)	yonyo (m)	يونيو
julio (m)	yolyo (m)	يوليو
agosto (m)	oɣosṭos (m)	أغسطس
septiembre (m)	sebtamber (m)	سبتمبر
octubre (m)	oktober (m)	أكتوبر
noviembre (m)	november (m)	نوفمبر
diciembre (m)	desember (m)	ديسمبر
primavera (f)	rabeeʿ (m)	ربيع
en primavera	fel rabeeʿ	في الربيع
de primavera (adj)	rabeeʿy	ربيعي
verano (m)	ṣeyf (m)	صيف
en verano	fel ṣeyf	في الصيف

de verano (adj)	ṣeyfy	صيفي
otoño (m)	χarīf (m)	خريف
en otoño	fel χarīf	في الخريف
de otoño (adj)	χarīfy	خريفي
invierno (m)	ʃetā' (m)	شتاء
en invierno	fel ʃetā'	في الشتاء
de invierno (adj)	ʃetwy	شتوي
mes (m)	ʃahr (m)	شهر
este mes	fel ʃahr da	في الشهر ده
al mes siguiente	el ʃahr el gayī	الشهر الجاي
el mes pasado	el ʃahr elly fāt	الشهر اللي فات
hace un mes	men ʃahr	من شهر
dentro de un mes	ba'd ʃahr	بعد شهر
dentro de dos meses	ba'd ʃahreyn	بعد شهرين
todo el mes	el ʃahr kollo	الشهر كله
todo un mes	ṭawāl el ʃahr	طوال الشهر
mensual (adj)	ʃahry	شهري
mensualmente (adv)	ʃahry	شهري
cada mes	koll ʃahr	كل شهر
dos veces por mes	marreteyn fel ʃahr	مرتين في الشهر
año (m)	sana (f)	سنة
este año	el sana di	السنة دي
el próximo año	el sana el gaya	السنة الجاية
el año pasado	el sana elly fātet	السنة اللي فاتت
hace un año	men sana	من سنة
dentro de un año	ba'd sana	بعد سنة
dentro de dos años	ba'd sanateyn	بعد سنتين
todo el año	el sana kollaha	السنة كلها
todo un año	ṭūl el sana	طول السنة
cada año	koll sana	كل سنة
anual (adj)	sanawy	سنوي
anualmente (adv)	koll sana	كل سنة
cuatro veces por año	arba' marrāt fel sana	أربع مرات في السنة
fecha (f) (la ~ de hoy es ...)	tarīχ (m)	تاريخ
fecha (f) (~ de entrega)	tarīχ (m)	تاريخ
calendario (m)	natīga (f)	نتيجة
medio año (m)	noṣṣ sana	نص سنة
seis meses	settet aʃ-hor (f)	ستة أشهر
estación (f)	faṣl (m)	فصل
siglo (m)	qarn (m)	قرن

20. La hora. Miscelánea

tiempo (m)	wa't (m)	وقت
momento (m)	laḥza (f)	لحظة

instante (m)	laḥza (f)	لحظة
instantáneo (adj)	laḥza	لحظة
lapso (m) de tiempo	fatra (f)	فترة
vida (f)	ḥayah (f)	حياة
eternidad (f)	abadiya (f)	أبديّة
época (f)	ʿahd (m)	عهد
era (f)	ʿaṣr (m)	عصر
ciclo (m)	dawra (f)	دوّرة
periodo (m)	fatra (f)	فترة
plazo (m) (~ de tres meses)	fatra (f)	فترة
futuro (m)	el mostaqbal (m)	المستقبل
futuro (adj)	elly gayī	اللي جاي
la próxima vez	el marra el gaya	المرّة الجايّة
pasado (m)	el māḍy (m)	الماضي
pasado (adj)	elly fāt	اللي فات
la última vez	el marra elly fātet	المرّة اللي فاتت
más tarde (adv)	baʿdeyn	بعدين
después	baʿd	بعد
actualmente (adv)	el ayām di	الأيام دي
ahora (adv)	delwaʾty	دلوقتي
inmediatamente	ḥālan	حالاً
pronto (adv)	ʾarīb	قريب
de antemano (adv)	moʾaddaman	مقدّماً
hace mucho tiempo	men zamān	من زمان
hace poco (adv)	men ʾorayeb	من قريّب
destino (m)	maṣīr (m)	مصير
recuerdos (m pl)	zekra (f)	زكرى
archivo (m)	arʃīf (m)	أرشيف
durante ...	esnāʾ...	إثناء...
mucho tiempo (adv)	modda ṭawīla	مدّة طويلة
poco tiempo (adv)	le fatra ʾaṣīra	لفترة قصيرة
temprano (adv)	badry	بدري
tarde (adv)	metʾakχer	متأخر
para siempre (adv)	lel abad	للأبد
comenzar (vt)	badaʾ	بدأ
aplazar (vt)	aggel	أجّل
simultáneamente	fe nafs el waqt	في نفس الوقت
permanentemente	be ʃakl dāʾem	بشكل دائم
constante (ruido, etc.)	mostamerr	مستمرّ
temporal (adj)	moʾakkatan	مؤقّتاً
a veces (adv)	saʿāt	ساعات
raramente (adv)	nāderan	نادراً
frecuentemente	ketīr	كثير

21. Las líneas y las formas

cuadrado (m)	morabbaʿ (m)	مربّع
cuadrado (adj)	morabbaʿ	مربع

círculo (m)	dayra (f)	دايرة
redondo (adj)	medawwar	مدوّر
triángulo (m)	mosallas (m)	مثلّث
triangular (adj)	mosallasy el ʃakl	مثلّثي الشكل
óvalo (m)	bayḍawy (m)	بيضوّي
oval (adj)	bayḍawy	بيضوّي
rectángulo (m)	mostaṭīl (m)	مستطيل
rectangular (adj)	mostaṭīly	مستطيلي
pirámide (f)	haram (m)	هرم
rombo (m)	moʿayen (m)	معيّن
trapecio (m)	ʃebh el monḥaref (m)	شبه المنحرف
cubo (m)	mokaʿab (m)	مكعّب
prisma (m)	manʃūr (m)	منشور
circunferencia (f)	moḥīṭ monḥany moɣlaq (m)	محيط منحني مغلق
esfera (f)	kora (f)	كرة
globo (m)	kora (f)	كرة
diámetro (m)	qaṭr (m)	قطر
radio (m)	noṣṣ qaṭr (m)	نصّ قطر
perímetro (m)	moḥīṭ (m)	محيط
centro (m)	wasaṭ (m)	وسط
horizontal (adj)	ofoqy	أفقي
vertical (adj)	ʿamūdy	عمودي
paralela (f)	motawāz (m)	متواز
paralelo (adj)	motawāzy	متوازي
línea (f)	ɣaṭṭ (m)	خطّ
trazo (m)	ḥaraka (m)	حركة
recta (f)	ɣaṭṭ mostaqīm (m)	خطّ مستقيم
curva (f)	ɣaṭṭ monḥany (m)	خطّ منحني
fino (la ~a línea)	rofayaʿ	رفيّع
contorno (m)	kontūr (m)	كنتور
intersección (f)	taqāṭoʿ (m)	تقاطع
ángulo (m) recto	zawya mostaqīma (f)	زاوية مستقيمة
segmento (m)	ʾeṭʿa (f)	قطعة
sector (m)	qaṭāʿ (m)	قطاع
lado (m)	gāneb (m)	جانب
ángulo (m)	zawya (f)	زاوية

22. Las unidades de medida

peso (m)	wazn (m)	وزن
longitud (f)	ṭūl (m)	طول
anchura (f)	ʿarḍ (m)	عرض
altura (f)	ertefāʿ (m)	إرتفاع
profundidad (f)	ʿomq (m)	عمق
volumen (m)	ḥagm (m)	حجم
área (f)	mesāḥa (f)	مساحة
gramo (m)	gram (m)	جرام
miligramo (m)	milligrām (m)	ملّيغرام

kilogramo (m)	kilogrām (m)	كيلوغرام
tonelada (f)	ṭenn (m)	طنّ
libra (f)	reṭl (m)	رطل
onza (f)	onṣa (f)	أونصة
metro (m)	metr (m)	متر
milímetro (m)	millimetr (m)	ملّيمتر
centímetro (m)	santimetr (m)	سنتيمتر
kilómetro (m)	kilometr (m)	كيلومتر
milla (f)	mīl (m)	ميل
pulgada (f)	boṣa (f)	بوصة
pie (m)	ʾadam (m)	قدم
yarda (f)	yarda (f)	ياردة
metro (m) cuadrado	metr morabbaʿ (m)	متر مربّع
hectárea (f)	hektār (m)	هكتار
litro (m)	litre (m)	لتر
grado (m)	daraga (f)	درجة
voltio (m)	volt (m)	فولت
amperio (m)	ambere (m)	أمبير
caballo (m) de fuerza	ḥoṣān (m)	حصان
cantidad (f)	kemiya (f)	كميّة
un poco de …	ʃewayet …	شويّة...
mitad (f)	noṣṣ (m)	نصّ
docena (f)	desta (f)	دستة
pieza (f)	waḥda (f)	وحدة
dimensión (f)	ḥagm (m)	حجم
escala (f) (del mapa)	meʾyās (m)	مقياس
mínimo (adj)	el adna	الأدنى
el más pequeño (adj)	el aṣɣar	الأصغر
medio (adj)	motawasseṭ	متوّسط
máximo (adj)	el aqṣa	الأقصى
el más grande (adj)	el akbar	الأكبر

23. Contenedores

tarro (m) de vidrio	barṭamān (m)	برطمان
lata (f)	kanz (m)	كانز
cubo (m)	gardal (m)	جردل
barril (m)	barmīl (m)	برميل
palangana (f)	ḥoḍe lel ɣasīl (m)	حوض للغسيل
tanque (m)	χazzān (m)	خزّان
petaca (f) (de alcohol)	zamzamiya (f)	زمزميّة
bidón (m) de gasolina	ʒerken (m)	جركن
cisterna (f)	χazzān (m)	خزّان
taza (f) (mug de cerámica)	mugg (m)	ماجّ
taza (f) (~ de café)	fengān (m)	فنجان

platillo (m)	ṭaba' fengān (m)	طبق فنجان
vaso (m) (~ de agua)	kobbāya (f)	كوبّاية
copa (f) (~ de vino)	kāsa (f)	كاسة
olla (f)	ḥalla (f)	حلّة
botella (f)	ezāza (f)	إزازة
cuello (m) de botella	'onq (m)	عنق
garrafa (f)	dawra' zogāgy (m)	دورّق زجاجي
jarro (m) (~ de agua)	ebrī' (m)	إبريق
recipiente (m)	we'ā' (m)	وعاء
tarro (m)	aṣīṣ (m)	أصيص
florero (m)	vāza (f)	فازة
frasco (m) (~ de perfume)	ezāza (f)	إزازة
frasquito (m)	ezāza (f)	إزازة
tubo (m)	anbūba (f)	أنبوبة
saco (m) (~ de azúcar)	kīs (m)	كيس
bolsa (f) (~ plástica)	kīs (m)	كيس
paquete (m) (~ de cigarrillos)	'elba (f)	علبة
caja (f)	'elba (f)	علبة
cajón (m) (~ de madera)	ṣandū' (m)	صندوق
cesta (f)	salla (f)	سلّة

24. Materiales

material (m)	madda (f)	مادّة
madera (f)	χaʃab (m)	خشب
de madera (adj)	χaʃaby	خشبي
vidrio (m)	ezāz (m)	إزاز
de vidrio (adj)	ezāz	إزاز
piedra (f)	ḥagar (m)	حجر
de piedra (adj)	ḥagary	حجري
plástico (m)	blastik (m)	بلاستيك
de plástico (adj)	men el blastik	من البلاستيك
goma (f)	maṭṭāṭ (m)	مطّاط
de goma (adj)	maṭṭāṭy	مطّاطي
tela (f)	'omāʃ (m)	قماش
de tela (adj)	men el 'omāʃ	من القماش
papel (m)	wara' (m)	ورق
de papel (adj)	wara'y	ورقي
cartón (m)	kartōn (m)	كرتون
de cartón (adj)	kartony	كرتوني
polietileno (m)	bolyetylen (m)	بولي إيثيلين
celofán (m)	sellofān (m)	سيلوفان

contrachapado (m)	ablakāʃ (m)	أبلكاش
porcelana (f)	borsalīn (m)	بورسلين
de porcelana (adj)	men el borsalīn	من البورسلين
arcilla (f), barro (m)	ṭīn (m)	طين
de barro (adj)	fokχāry	فخّاري
cerámica (f)	seramīk (m)	سيراميك
de cerámica (adj)	men el seramik	من السيراميك

25. Los metales

metal (m)	maʿdan (m)	معدن
metálico (adj)	maʿdany	معدني
aleación (f)	sebīka (f)	سبيكة
oro (m)	dahab (m)	ذهب
de oro (adj)	dahaby	ذهبي
plata (f)	faḍḍa (f)	فضّة
de plata (adj)	feḍḍy	فضّي
hierro (m)	ḥadīd (m)	حديد
de hierro (adj)	ḥadīdy	حديدي
acero (m)	fulāz (m)	فولاذ
de acero (adj)	folāzy	فولاذي
cobre (m)	neḥās (m)	نحاس
de cobre (adj)	neḥāsy	نحاسي
aluminio (m)	aluminyum (m)	الومينيوم
de aluminio (adj)	aluminyum	الومينيوم
bronce (m)	bronze (m)	برونز
de bronce (adj)	bronzy	برونزي
latón (m)	neḥās aṣfar (m)	نحاس أصفر
níquel (m)	nikel (m)	نيكل
platino (m)	blatīn (m)	بلاتين
mercurio (m)	zeʾbaq (m)	زئبق
estaño (m)	ʾaṣdīr (m)	قصدير
plomo (m)	roṣāṣ (m)	رصاص
zinc (m)	zink (m)	زنك

EL SER HUMANO

El ser humano. El cuerpo

26. El ser humano. Conceptos básicos

ser (m) humano	ensān (m)	إنسان
hombre (m) (varón)	rāgel (m)	راجل
mujer (f)	set (f)	ست
niño -a (m, f)	ṭefl (m)	طفل
niña (f)	bent (f)	بنت
niño (m)	walad (m)	ولد
adolescente (m)	morāheq (m)	مراهق
viejo, anciano (m)	ʿagūz (m)	عجوز
vieja, anciana (f)	ʿagūza (f)	عجوزة

27. La anatomía humana

organismo (m)	ʿoḍw (m)	عضو
corazón (m)	ʾalb (m)	قلب
sangre (f)	damm (m)	دم
arteria (f)	ʃeryān (m)	شريان
vena (f)	ʿerʾ (m)	عرق
cerebro (m)	mokχ (m)	مخّ
nervio (m)	ʿaṣab (m)	عصب
nervios (m pl)	aʿṣāb (pl)	أعصاب
vértebra (f)	faqra (f)	فقرة
columna (f) vertebral	ʿamūd faqry (m)	عمود فقري
estómago (m)	meʿda (f)	معدة
intestinos (m pl)	amʿāʾ (pl)	أمعاء
intestino (m)	maʿy (m)	معى
hígado (m)	kebd (f)	كبد
riñón (m)	kelya (f)	كلية
hueso (m)	ʿaḍm (m)	عظم
esqueleto (m)	haykal ʿazmy (m)	هيكل عظمي
costilla (f)	ḍelʿ (m)	ضلع
cráneo (m)	gomgoma (f)	جمجمة
músculo (m)	ʿaḍala (f)	عضلة
bíceps (m)	biseps (f)	بايسبس
tríceps (m)	triseps (f)	ترايسبس
tendón (m)	watar (m)	وتر
articulación (f)	mefṣal (m)	مفصل

pulmones (m pl)	re'ateyn (du)	رئتين
genitales (m pl)	a'ḍā' tanasoliya (pl)	أعضاء تناسلية
piel (f)	boʃra (m)	بشرة

28. La cabeza

cabeza (f)	ra's (m)	رأس
cara (f)	weʃ (m)	وش
nariz (f)	manaχīr (m)	مناخير
boca (f)	bo' (m)	بوء
ojo (m)	'eyn (f)	عين
ojos (m pl)	'oyūn (pl)	عيون
pupila (f)	ḥad'a (f)	حدقة
ceja (f)	ḥāgeb (m)	حاجب
pestaña (f)	remʃ (m)	رمش
párpado (m)	gefn (m)	جفن
lengua (f)	lesān (m)	لسان
diente (m)	senna (f)	سنّة
labios (m pl)	ʃafāyef (pl)	شفايف
pómulos (m pl)	'aḍmet el χadd (f)	عضمة الخدّ
encía (f)	lassa (f)	لثّة
paladar (m)	ḥanak (m)	حنك
ventanas (f pl)	manaχer (pl)	مناخر
mentón (m)	da''n (m)	دقن
mandíbula (f)	fakk (m)	فكّ
mejilla (f)	χadd (m)	خدّ
frente (f)	gabha (f)	جبهة
sien (f)	ṣedɣ (m)	صدغ
oreja (f)	wedn (f)	ودن
nuca (f)	'afa (m)	قفا
cuello (m)	ra'aba (f)	رقبة
garganta (f)	zore (m)	زور
pelo, cabello (m)	ʃa'r (m)	شعر
peinado (m)	tasrīḥa (f)	تسريحة
corte (m) de pelo	tasrīḥa (f)	تسريحة
peluca (f)	barūka (f)	باروكة
bigote (m)	ʃanab (pl)	شنب
barba (f)	leḥya (f)	لحية
tener (~ la barba)	'ando	عنده
trenza (f)	ḍefīra (f)	ضفيرة
patillas (f pl)	sawālef (pl)	سوالف
pelirrojo (adj)	aḥmar el ʃa'r	أحمر الشعر
gris, canoso (adj)	ʃa'r abyaḍ	شعر أبيض
calvo (adj)	aṣla'	أصلع
calva (f)	ṣala' (m)	صلع
cola (f) de caballo	deyl ḥoṣān (m)	ديل حصان
flequillo (m)	'oṣṣa (f)	قصّة

29. El cuerpo

mano (f)	yad (m)	يد
brazo (m)	derāʿ (f)	دراع
dedo (m)	ṣobāʿ (m)	صباع
dedo (m) del pie	ṣobāʿ el ʾadam (m)	صباع القدم
dedo (m) pulgar	ebhām (m)	إبهام
dedo (m) meñique	χonṣor (m)	خنصر
uña (f)	ḍefr (m)	ضفر
puño (m)	qabḍa (f)	قبضة
palma (f)	kaff (f)	كفّ
muñeca (f)	meʿṣam (m)	معصم
antebrazo (m)	sāʿed (m)	ساعد
codo (m)	kūʿ (m)	كوع
hombro (m)	ketf (f)	كتف
pierna (f)	regl (f)	رجل
planta (f)	qadam (f)	قدم
rodilla (f)	rokba (f)	ركبة
pantorrilla (f)	semmāna (f)	سمّانة
cadera (f)	faχd (f)	فخد
talón (m)	kaʿb (m)	كعب
cuerpo (m)	gesm (m)	جسم
vientre (m)	baṭn (m)	بطن
pecho (m)	ṣedr (m)	صدر
seno (m)	sady (m)	ثدي
lado (m), costado (m)	ganb (m)	جنب
espalda (f)	ḍahr (m)	ضهر
zona (f) lumbar	asfal el ḍahr (m)	أسفل الضهر
cintura (f), talle (m)	wesṭ (f)	وسط
ombligo (m)	sorra (f)	سرّة
nalgas (f pl)	ardāf (pl)	أرداف
trasero (m)	debr (m)	دبر
lunar (m)	ʃāma (f)	شامة
marca (f) de nacimiento	waḥma	وحمة
tatuaje (m)	waʃm (m)	وشم
cicatriz (f)	nadba (f)	ندبة

La ropa y los accesorios

30. La ropa exterior. Los abrigos

ropa (f)	malābes (pl)	ملابس
ropa (f) de calle	malābes fo'aniya (pl)	ملابس فوقانيّة
ropa (f) de invierno	malābes ʃetwiya (pl)	ملابس شتويّة
abrigo (m)	balṭo (m)	بالطو
abrigo (m) de piel	balṭo farww (m)	بالطو فروّ
abrigo (m) corto de piel	ʒaket farww (m)	جاكيت فروّ
chaqueta (f) plumón	balṭo maḥʃy rīʃ (m)	بالطو محشي ريش
cazadora (f)	ʒæket (m)	جاكيت
impermeable (m)	ʒæket lel maṭar (m)	جاكيت للمطر
impermeable (adj)	wāqy men el maya	واقي من الميّة

31. Ropa de hombre y mujer

camisa (f)	'amīṣ (m)	قميص
pantalones (m pl)	banṭalone (f)	بنطلون
jeans, vaqueros (m pl)	ʒeans (m)	جينز
chaqueta (f), saco (m)	ʒæket (f)	جاكت
traje (m)	badla (f)	بدلة
vestido (m)	fostān (m)	فستان
falda (f)	ʒība (f)	جيبة
blusa (f)	bloza (f)	بلوزة
rebeca (f), chaqueta (f) de punto	kardigan (m)	كارديجن
chaqueta (f)	ʒæket (m)	جاكيت
camiseta (f) (T-shirt)	ti ʃirt (m)	تي شيرت
pantalones (m pl) cortos	ʃort (m)	شورت
traje (m) deportivo	treneng (m)	ترينينج
bata (f) de baño	robe el ḥammām (m)	روب حمّام
pijama (m)	beʒāma (f)	بيجاما
suéter (m)	blover (f)	بلوفر
pulóver (m)	blover (m)	بلوفر
chaleco (m)	vest (m)	فيست
frac (m)	badlet sahra ṭawīla (f)	بدلة سهرة طويلة
esmoquin (m)	badla (f)	بدلة
uniforme (m)	zayī muwaḥḥad (m)	زيّ موحّد
ropa (f) de trabajo	lebs el ʃoɣl (m)	لبس الشغل
mono (m)	overall (m)	اوفر اول
bata (f) (p. ej. ~ blanca)	balṭo (m)	بالطو

32. La ropa. La ropa interior

ropa (f) interior	malābes dāχeliya (pl)	ملابس داخلية
bóxer (m)	sirwāl dāχly rigāly (m)	سروال داخلي رجالي
bragas (f pl)	sirwāl dāχly nisā'y (m)	سروال داخلي نسائي
camiseta (f) interior	fanella (f)	فانلّا
calcetines (m pl)	ʃarāb (m)	شراب
camisón (m)	'amīṣ nome (m)	قميص نوم
sostén (m)	setyāna (f)	ستيانة
calcetines (m pl) altos	ʃarabāt ṭawīla (pl)	شرابات طويلة
pantimedias (f pl)	klone (m)	كلون
medias (f pl)	gawāreb (pl)	جوارب
traje (m) de baño	mayo (m)	مايّوه

33. Gorras

gorro (m)	ṭa'iya (f)	طاقيّة
sombrero (m) de fieltro	borneyṭa (f)	برنيطة
gorra (f) de béisbol	base bāl kāb (m)	بيس بول كاب
gorra (f) plana	ṭa'iya mosaṭṭaḥa (f)	طاقيّة مسطحة
boina (f)	bereyh (m)	بيريه
capuchón (m)	ɣaṭa' (f)	غطاء
panamá (m)	qobba'et banama (f)	قبّعة بناما
gorro (m) de punto	ays kāb (m)	آيس كاب
pañuelo (m)	eʃarb (m)	إيشارب
sombrero (m) de mujer	borneyṭa (f)	برنيطة
casco (m) (~ protector)	χawza (f)	خوذة
gorro (m) de campaña	kāb (m)	كاب
casco (m) (~ de moto)	χawza (f)	خوذة
bombín (m)	qobba'a (f)	قبّعة
sombrero (m) de copa	qobba'a rasmiya (f)	قبّعة رسمية

34. El calzado

calzado (m)	gezam (pl)	جزم
botas (f pl)	gazma (f)	جزمة
zapatos (m pl) (~ de tacón bajo)	gazma (f)	جزمة
botas (f pl) altas	būt (m)	بوت
zapatillas (f pl)	ʃebʃeb (m)	شبشب
tenis (m pl)	kotʃy tennis (m)	كوتشي تنس
zapatillas (f pl) de lona	kotʃy (m)	كوتشي
sandalias (f pl)	ṣandal (pl)	صندل
zapatero (m)	eskāfy (m)	إسكافي
tacón (m)	ka'b (m)	كعب

par (m)	goze (m)	جوز
cordón (m)	ʃerī't (m)	شريط
encordonar (vt)	rabaṭ	ربط
calzador (m)	labbāsa el gazma (f)	لبّاسة الجزمة
betún (m)	warnīʃ el gazma (m)	ورنيش الجزمة

35. Los textiles. Las telas

algodón (m)	'oṭn (m)	قطن
de algodón (adj)	'oṭny	قطني
lino (m)	kettān (m)	كتّان
de lino (adj)	men el kettān	من الكتّان
seda (f)	ḥarīr (m)	حرير
de seda (adj)	ḥarīry	حريري
lana (f)	ṣūf (m)	صوف
de lana (adj)	ṣūfiya	صوفية
terciopelo (m)	moχmal (m)	مخمل
gamuza (f)	geld maz'abar (m)	جلد مزأبر
pana (f)	'oṭṭn 'aṭīfa (f)	قطن قطيفة
nilón (m)	nylon (m)	نايلون
de nilón (adj)	men el naylon	من النيلون
poliéster (m)	bolyester (m)	بوليستر
de poliéster (adj)	men el bolyastar	من البوليستر
piel (f) (cuero)	geld (m)	جلد
de piel (de cuero)	men el geld	من الجلد
piel (f) (~ de zorro, etc.)	farww (m)	فروّ
de piel (abrigo ~)	men el farww	من الفروّ

36. Accesorios personales

guantes (m pl)	gwanty (m)	جوانتي
manoplas (f pl)	gwanty men ɣeyr aṣābe' (m)	جوانتي من غير أصابع
bufanda (f)	skarf (m)	سكارف
gafas (f pl)	naḍḍāra (f)	نظّارة
montura (f)	eṭār (m)	إطار
paraguas (m)	ʃamsiya (f)	شمسيّة
bastón (m)	'aṣāya (f)	عصاية
cepillo (m) de pelo	forʃet ʃa'r (f)	فرشة شعر
abanico (m)	marwaḥa (f)	مروّحة
corbata (f)	karavetta (f)	كرافتة
pajarita (f)	bebyona (m)	بيبيونة
tirantes (m pl)	ḥammala (f)	حمّالة
moquero (m)	mandīl (m)	منديل
peine (m)	meʃṭ (m)	مشط
pasador (m) de pelo	dabbūs (m)	دبّوس

horquilla (f)	bensa (m)	بنسة
hebilla (f)	bokla (f)	بكلة
cinturón (m)	ḥezām (m)	حزام
correa (f) (de bolso)	ḥammalet el ketf (f)	حمّالة الكتف
bolsa (f)	ʃanṭa (f)	شنطة
bolso (m)	ʃanṭet yad (f)	شنطة يد
mochila (f)	ʃanṭet ḍahr (f)	شنطة ظهر

37. La ropa. Miscelánea

moda (f)	mūḍa (f)	موضة
de moda (adj)	fel moḍa	في الموضة
diseñador (m) de moda	moṣammem azyā' (m)	مصمّم أزياء
cuello (m)	yā'a (f)	ياقة
bolsillo (m)	geyb (m)	جيب
de bolsillo (adj)	geyb	جيب
manga (f)	komm (m)	كمّ
presilla (f)	ʿelāqa (f)	علّاقة
bragueta (f)	lesān (m)	لسان
cremallera (f)	sosta (f)	سوستة
cierre (m)	maʃbak (m)	مشبك
botón (m)	zerr (m)	زرّ
ojal (m)	ʿarwa (f)	عروة
saltar (un botón)	we'eʿ	وقع
coser (vi, vt)	xayaṭ	خيّط
bordar (vt)	ṭarraz	طرّز
bordado (m)	taṭrīz (m)	تطريز
aguja (f)	ebra (f)	إبرة
hilo (m)	xeyṭ (m)	خيط
costura (f)	derz (m)	درز
ensuciarse (vr)	ettwassax	إتّوسّخ
mancha (f)	bo'ʿa (f)	بقعة
arrugarse (vr)	takarmaʃ	تكرمش
rasgar (vt)	'aṭaʿ	قطع
polilla (f)	ʿetta (f)	عثّة

38. Productos personales. Cosméticos

pasta (f) de dientes	maʿgūn asnān (m)	معجون أسنان
cepillo (m) de dientes	forʃet senān (f)	فرشة أسنان
limpiarse los dientes	naḍḍaf el asnān	نظّف الأسنان
maquinilla (f) de afeitar	mūs (m)	موس
crema (f) de afeitar	krīm ḥelā'a (m)	كريم حلاقة
afeitarse (vr)	ḥala'	حلق
jabón (m)	ṣabūn (m)	صابون

champú (m)	ʃambū (m)	شامبو
tijeras (f pl)	ma'aṣ (m)	مقص
lima (f) de uñas	mabrad (m)	مبرد
cortaúñas (m pl)	mel'aṭ (m)	ملقط
pinzas (f pl)	mel'aṭ (m)	ملقط
cosméticos (m pl)	mawād tagmīl (pl)	مواد تجميل
mascarilla (f)	mask (m)	ماسك
manicura (f)	monekīr (m)	مونيكير
hacer la manicura	'amal monikīr	عمل مونيكير
pedicura (f)	badikīr (m)	باديكير
bolsa (f) de maquillaje	ʃanṭet mekyāʒ (f)	شنطة مكياج
polvos (m pl)	bodret weʃ (f)	بودرة وش
polvera (f)	'elbet bodra (f)	علبة بودرة
colorete (m), rubor (m)	aḥmar χodūd (m)	أحمر خدود
perfume (m)	barfān (m)	بارفان
agua (f) de tocador	kolonya (f)	كولونيا
loción (f)	loʃion (m)	لوشن
agua (f) de Colonia	kolonya (f)	كولونيا
sombra (f) de ojos	eyeʃadow (m)	ايّ شادو
lápiz (m) de ojos	koḥl (m)	كحل
rímel (m)	maskara (f)	ماسكارا
pintalabios (m)	rūʒ (m)	روج
esmalte (m) de uñas	monekīr (m)	مونيكير
fijador (m) para el pelo	mosabbet el ʃa'r (m)	مثّبت الشعر
desodorante (m)	mozīl 'ara' (m)	مزيل عرق
crema (f)	krīm (m)	كريم
crema (f) de belleza	krīm lel weʃ (m)	كريم للوش
crema (f) de manos	krīm eyd (m)	كريم أيد
crema (f) antiarrugas	krīm moḍād lel taga'īd (m)	كريم مضاد للتجاعيد
crema (f) de día	krīm en nahār (m)	كريم النهار
crema (f) de noche	krīm el leyl (m)	كريم الليل
de día (adj)	nahāry	نهاري
de noche (adj)	layly	ليّلي
tampón (m)	tambon (m)	تانبون
papel (m) higiénico	wara' twalet (m)	ورق تواليت
secador (m) de pelo	seʃwār (m)	سشوار

39. Las joyas

joyas (f pl)	mogawharāt (pl)	مجوّهرات
precioso (adj)	ɣāly	غالي
contraste (m)	damɣa (f)	دمغة
anillo (m)	χātem (m)	خاتم
anillo (m) de boda	deblet el faraḥ (m)	دبلة الفرح
pulsera (f)	eswera (m)	إسوّرة
pendientes (m pl)	ḥala' (m)	حلق

collar (m) (~ de perlas)	ʿoʾd (m)	عقد
corona (f)	tāg (m)	تاج
collar (m) de abalorios	ʿoʾd χaraz (m)	عقد خرز
diamante (m)	almāz (m)	ألماز
esmeralda (f)	zomorrod (m)	زمرّد
rubí (m)	yaʾūt aḥmar (m)	ياقوت أحمر
zafiro (m)	yaʾūt azraʾ (m)	ياقوت أزرق
perla (f)	loʾloʾ (m)	لؤلؤ
ámbar (m)	kahramān (m)	كهرمان

40. Los relojes

reloj (m)	sāʿa (f)	ساعة
esfera (f)	wag-h el sāʿa (m)	وجه الساعة
aguja (f)	ʿaʾrab el sāʿa (m)	عقرب الساعة
pulsera (f)	ʃerīʾṭ sāʿa maʿdaniya (m)	شريط ساعة معدنية
correa (f) (del reloj)	ʃerīʾṭ el sāʿa (m)	شريط الساعة
pila (f)	baṭṭariya (f)	بطّاريّة
descargarse (vr)	χelṣet	خلصت
cambiar la pila	ɣayar el baṭṭariya	غيّر البطّاريّة
adelantarse (vr)	sabaʾ	سبق
retrasarse (vr)	taʾakχar	تأخّر
reloj (m) de pared	sāʿet ḥeyṭa (f)	ساعة حيطة
reloj (m) de arena	sāʿa ramliya (f)	ساعة رمليّة
reloj (m) de sol	sāʿa ʃamsiya (f)	ساعة شمسيّة
despertador (m)	monabbeh (m)	منبّه
relojero (m)	saʿāty (m)	ساعاتي
reparar (vt)	ṣallaḥ	صلّح

La comida y la nutrición

41. La comida

carne (f)	laḥma (f)	لحمة
gallina (f)	ferāχ (m)	فراخ
pollo (m)	farrūg (m)	فرّوج
pato (m)	baṭṭa (f)	بطّة
ganso (m)	wezza (f)	وزّة
caza (f) menor	ṣeyd (m)	صيد
pava (f)	dīk rūmy (m)	ديك رومي
carne (f) de cerdo	laḥm el χanazīr (m)	لحم الخنزير
carne (f) de ternera	laḥm el ʿegl (m)	لحم العجل
carne (f) de carnero	laḥm ḍāny (m)	لحم ضاني
carne (f) de vaca	laḥm baqary (m)	لحم بقري
conejo (m)	laḥm arāneb (m)	لحم أرانب
salchichón (m)	sogo'' (m)	سجق
salchicha (f)	sogo'' (m)	سجق
beicon (m)	bakon (m)	بيكون
jamón (m)	hām(m)	هام
jamón (m) fresco	faχd χanzīr (m)	فخد خنزير
paté (m)	maʿgūn laḥm (m)	معجون لحم
hígado (m)	kebda (f)	كبدة
carne (f) picada	hamburger (m)	هامبورجر
lengua (f)	lesān (m)	لسان
huevo (m)	beyḍa (f)	بيضة
huevos (m pl)	beyḍ (m)	بيض
clara (f)	bayāḍ el beyḍ (m)	بياض البيض
yema (f)	ṣafār el beyḍ (m)	صفار البيض
pescado (m)	samak (m)	سمك
mariscos (m pl)	sīfūd (pl)	سي فود
caviar (m)	kaviar (m)	كافيار
cangrejo (m) de mar	kaboria (m)	كابوريا
camarón (m)	gammbary (m)	جمّبري
ostra (f)	maḥār (m)	محار
langosta (f)	estakoza (m)	استاكوزا
pulpo (m)	aχṭabūṭ (m)	أخطبوط
calamar (m)	kalmāry (m)	كالماري
esturión (m)	samak el ḥafʃ (m)	سمك الحفش
salmón (m)	salamon (m)	سلمون
fletán (m)	samak el halbūt (m)	سمك الهلبوت
bacalao (m)	samak el qadd (m)	سمك القد
caballa (f)	makerel (m)	ماكريل

atún (m)	tuna (f)	تونة
anguila (f)	ḥankalīs (m)	حنكليس
trucha (f)	salamon mera’’aṭ (m)	سلمون مرقّط
sardina (f)	sardīn (m)	سردين
lucio (m)	samak el karāky (m)	سمك الكراكي
arenque (m)	renga (f)	رنجة
pan (m)	ʿeyʃ (m)	عيش
queso (m)	gebna (f)	جبنة
azúcar (m)	sokkar (m)	سكّر
sal (f)	melḥ (m)	ملح
arroz (m)	rozz (m)	رزّ
macarrones (m pl)	makaruna (f)	مكرونة
tallarines (m pl)	nūdles (f)	نودلز
mantequilla (f)	zebda (f)	زبدة
aceite (m) vegetal	zeyt (m)	زيت
aceite (m) de girasol	zeyt ʿabbād el ʃams (m)	زيت عبّاد الشمس
margarina (f)	margarīn (m)	مارجرين
olivas, aceitunas (f pl)	zaytūn (m)	زيتون
aceite (m) de oliva	zeyt el zaytūn (m)	زيت الزيتون
leche (f)	laban (m)	لبن
leche (f) condensada	ḥalīb mokassaf (m)	حليب مكثّف
yogur (m)	zabādy (m)	زبادي
nata (f) agria	kreyma ḥamḍa (f)	كريمة حامضة
nata (f) líquida	krīma (f)	كريمة
mayonesa (f)	mayonnɛ:z (m)	مايونيز
crema (f) de mantequilla	krīmet zebda (f)	كريمة زبدة
cereales (m pl) integrales	ḥobūb ’amḥ (pl)	حبوب قمح
harina (f)	de’ī’ (m)	دقيق
conservas (f pl)	moʿallabāt (pl)	معلّبات
copos (m pl) de maíz	korn fleks (m)	كورن فليكس
miel (f)	ʿasal (m)	عسل
confitura (f)	mrabba (m)	مربّى
chicle (m)	lebān (m)	لبان

42. Las bebidas

agua (f)	meyāh (f)	مياه
agua (f) potable	mayet ʃorb (m)	ميّة شرب
agua (f) mineral	maya maʿdaniya (f)	ميّة معدنية
sin gas	rakeda	راكدة
gaseoso (adj)	kanz	كانز
con gas	kanz	كانز
hielo (m)	talg (m)	ثلج
con hielo	bel talg	بالتلج

sin alcohol	men ɣeyr koḥūl	من غير كحول
bebida (f) sin alcohol	maʃrūb ɣāzy (m)	مشروب غازي
refresco (m)	ḥāga sa''a (f)	حاجة ساقعة
limonada (f)	limonāta (f)	ليموناتة
bebidas (f pl) alcohólicas	maʃrūbāt koḥūliya (pl)	مشروبات كحولية
vino (m)	χamra (f)	خمرة
vino (m) blanco	nebīz abyaḍ (m)	نبيذ أبيض
vino (m) tinto	nebī aḥmar (m)	نبيذ أحمر
licor (m)	liqure (m)	ليكيور
champaña (f)	ʃambania (f)	شمبانيا
vermú (m)	vermote (m)	فيرموت
whisky (m)	wiski (m)	ويسكي
vodka (m)	vodka (f)	فودكا
ginebra (f)	ʒin (m)	جين
coñac (m)	konyāk (m)	كونياك
ron (m)	rum (m)	رم
café (m)	'ahwa (f)	قهوة
café (m) solo	'ahwa sāda (f)	قهوة سادة
café (m) con leche	'ahwa bel ḥalīb (f)	قهوة بالحليب
capuchino (m)	kaputʃino (m)	كابتشينو
café (m) soluble	neskafe (m)	نيسكافيه
leche (f)	laban (m)	لبن
cóctel (m)	koktayl (m)	كوكتيل
batido (m)	milk ʃejk (m)	ميلك شيك
zumo (m), jugo (m)	'aṣīr (m)	عصير
jugo (m) de tomate	'aṣīr ṭamāṭem (m)	عصير طماطم
zumo (m) de naranja	'aṣīr bortoqāl (m)	عصير برتقال
zumo (m) fresco	'aṣīr freʃ (m)	عصير فريش
cerveza (f)	bīra (f)	بيرة
cerveza (f) rubia	bīra χafīfa (f)	بيرة خفيفة
cerveza (f) negra	bīra ɣam'a (f)	بيرة غامقة
té (m)	ʃāy (m)	شاي
té (m) negro	ʃāy aḥmar (m)	شاي أحمر
té (m) verde	ʃāy aχḍar (m)	شاي أخضر

43. Las verduras

legumbres (f pl)	χoḍār (pl)	خضار
verduras (f pl)	χoḍrawāt waraqiya (pl)	خضروات ورقية
tomate (m)	ṭamāṭem (f)	طماطم
pepino (m)	χeyār (m)	خيار
zanahoria (f)	gazar (m)	جزر
patata (f)	baṭāṭes (f)	بطاطس
cebolla (f)	baṣal (m)	بصل
ajo (m)	tūm (m)	ثوم

col (f)	koronb (m)	كرنب
coliflor (f)	ʾarnabīṭ (m)	قرنبيط
col (f) de Bruselas	koronb broksel (m)	كرنب بروكسل
brócoli (m)	brokkoli (m)	بركولي
remolacha (f)	bangar (m)	بنجر
berenjena (f)	bātengān (m)	باذنجان
calabacín (m)	kōsa (f)	كوسة
calabaza (f)	qarʿ ʿasaly (m)	قرع عسلي
nabo (m)	left (m)	لفت
perejil (m)	baʾdūnes (m)	بقدونس
eneldo (m)	ʃabat (m)	شبت
lechuga (f)	χass (m)	خسّ
apio (m)	karfas (m)	كرفس
espárrago (m)	helione (m)	هليون
espinaca (f)	sabāneχ (m)	سبانخ
guisante (m)	besella (f)	بسلّة
habas (f pl)	fūl (m)	فول
maíz (m)	dora (f)	ذرة
fréjol (m)	faṣolya (f)	فاصوليا
pimiento (m) dulce	felfel (m)	فلفل
rábano (m)	fegl (m)	فجل
alcachofa (f)	χarʃūf (m)	خرشوف

44. Las frutas. Las nueces

fruto (m)	faχa (f)	فاكهة
manzana (f)	toffāḥa (f)	تفّاحة
pera (f)	komettra (f)	كمّثرى
limón (m)	lymūn (m)	ليمون
naranja (f)	bortoqāl (m)	برتقال
fresa (f)	farawla (f)	فراولة
mandarina (f)	yosfy (m)	يوسفي
ciruela (f)	barʾūʾ (m)	برقوق
melocotón (m)	χawχa (f)	خوخة
albaricoque (m)	meʃmeʃ (f)	مشمش
frambuesa (f)	tūt el ʿalīʾ el aḥmar (m)	توت العليق الأحمر
piña (f)	ananās (m)	أناناس
banana (f)	moze (m)	موز
sandía (f)	baṭṭīχ (m)	بطّيخ
uva (f)	ʿenab (m)	عنب
guinda (f), cereza (f)	karaz (m)	كرز
melón (m)	ʃammām (f)	شمّام
pomelo (m)	grabe frūt (m)	جريب فروت
aguacate (m)	avokado (f)	افوكاتو
papaya (f)	babāya (m)	ببايا
mango (m)	manga (m)	مانجة
granada (f)	rommān (m)	رمان

grosella (f) roja	keʃmeʃ aḥmar (m)	كشمش أحمر
grosella (f) negra	keʃmeʃ aswad (m)	كشمش أسود
grosella (f) espinosa	ʿenab el saʿlab (m)	عنب الثعلب
arándano (m)	ʿenab al aḥrāg (m)	عنب الأحراج
zarzamoras (f pl)	tūt aswad (m)	توت أسود
pasas (f pl)	zebīb (m)	زبيب
higo (m)	tīn (m)	تين
dátil (m)	tamr (m)	تمر
cacahuete (m)	fūl sudāny (m)	فول سوداني
almendra (f)	loze (m)	لوز
nuez (f)	ʿeyn gamal (f)	عين الجمل
avellana (f)	bondoʾ (m)	بندق
nuez (f) de coco	goze el hend (m)	جوز هند
pistachos (m pl)	fostoʾ (m)	فستق

45. El pan. Los dulces

pasteles (m pl)	ḥalawīāt (pl)	حلويّات
pan (m)	ʿeyʃ (m)	عيش
galletas (f pl)	baskawīt (m)	بسكويت
chocolate (m)	ʃokolāta (f)	شكولاتة
de chocolate (adj)	bel ʃokolāṭa	بالشكولاتة
caramelo (m)	bonbony (m)	بونبوني
tarta (f) (pequeña)	keyka (f)	كيكة
tarta (f) (~ de cumpleaños)	torta (f)	تورتة
tarta (f) (~ de manzana)	feṭīra (f)	فطيرة
relleno (m)	ḥaʃwa (f)	حشوة
confitura (f)	mrabba (m)	مربّى
mermelada (f)	marmalād (f)	مرملاد
gofre (m)	waffles (pl)	وافلز
helado (m)	ʾays krīm (m)	آيس كريم
pudin (m)	būding (m)	بودنج

46. Los platos

plato (m)	wagba (f)	وجبة
cocina (f)	maṭbaχ (m)	مطبخ
receta (f)	waṣfa (f)	وصفة
porción (f)	naṣīb (m)	نصيب
ensalada (f)	solṭa (f)	سلطة
sopa (f)	ʃorba (f)	شوربة
caldo (m)	maraʾa (m)	مرقة
bocadillo (m)	sandawitʃ (m)	ساندويتش
huevos (m pl) fritos	beyḍ maʾly (m)	بيض مقلي
hamburguesa (f)	hamburger (m)	هامبورجر

bistec (m)	steak laḥm (m)	ستيك لحم
guarnición (f)	ṭabaʾ gāneby (m)	طبق جانبي
espagueti (m)	spaɣetti (m)	سباجيتي
puré (m) de patatas	baṭāṭes mahrūsa (f)	بطاطس مهروسة
pizza (f)	bītza (f)	بيتزا
gachas (f pl)	ʿaṣīda (f)	عصيدة
tortilla (f) francesa	omlette (m)	اومليت
cocido en agua (adj)	maslūʾ	مسلوق
ahumado (adj)	modakχen	مدخّن
frito (adj)	maʾly	مقلي
seco (adj)	mogaffaf	مجفّف
congelado (adj)	mogammad	مجمّد
marinado (adj)	meχallel	مخلّل
azucarado, dulce (adj)	mesakkar	مسكّر
salado (adj)	māleḥ	مالح
frío (adj)	bāred	بارد
caliente (adj)	soχn	سخن
amargo (adj)	morr	مرّ
sabroso (adj)	ḥelw	حلو
cocer en agua	salaʾ	سلق
preparar (la cena)	ḥaḍḍar	حضّر
freír (vt)	ʾala	قلى
calentar (vt)	sakχan	سخّن
salar (vt)	raʃʃ malḥ	رشّ ملح
poner pimienta	raʃʃ felfel	رشّ فلفل
rallar (vt)	baraʃ	برش
piel (f)	ʾeʃra (f)	قشرة
pelar (vt)	ʾasʃar	قشّر

47. Las especias

sal (f)	melḥ (m)	ملح
salado (adj)	māleḥ	مالح
salar (vt)	raʃʃ malḥ	رشّ ملح
pimienta (f) negra	felfel aswad (m)	فلفل أسوّد
pimienta (f) roja	felfel aḥmar (m)	فلفل أحمر
mostaza (f)	mosṭarda (m)	مسطردة
rábano (m) picante	fegl ḥār (m)	فجل حار
condimento (m)	bahār (m)	بهار
especia (f)	bahār (m)	بهار
salsa (f)	ṣalṣa (f)	صلصة
vinagre (m)	χall (m)	خلّ
anís (m)	yansūn (m)	ينسون
albahaca (f)	rīḥān (m)	ريحان
clavo (m)	ʾoronfol (m)	قرنفل
jengibre (m)	zangabīl (m)	زنجبيل
cilantro (m)	kozbora (f)	كزبرة

canela (f)	ʾerfa (f)	قرفة
sésamo (m)	semsem (m)	سمسم
hoja (f) de laurel	waraʾ el ɣār (m)	ورق الغار
paprika (f)	babrika (f)	بابريكا
comino (m)	karawya (f)	كراوية
azafrán (m)	zaʿfarān (m)	زعفران

48. Las comidas

comida (f)	akl (m)	أكل
comer (vi, vt)	akal	أكل
desayuno (m)	foṭūr (m)	فطور
desayunar (vi)	feṭer	فطر
almuerzo (m)	ɣadaʾ (m)	غداء
almorzar (vi)	etɣadda	إتغدّى
cena (f)	ʿaʃāʾ (m)	عشاء
cenar (vi)	etʿasʃa	إتعشّى
apetito (m)	ʃahiya (f)	شهيّة
¡Que aproveche!	bel hana wel ʃefa!	بالهنا والشفا!
abrir (vt)	fataḥ	فتح
derramar (líquido)	dalaʾ	دلق
derramarse (líquido)	dalaʾ	دلق
hervir (vi)	ɣely	غلى
hervir (vt)	ɣely	غلى
hervido (agua ~a)	maɣly	مغلي
enfriar (vt)	barrad	برّد
enfriarse (vr)	barrad	برّد
sabor (m)	ṭaʿm (m)	طعم
regusto (m)	ṭaʿm ma baʿd el mazāq (m)	طعم ما بعد المذاق
adelgazar (vi)	χass	خسّ
dieta (f)	reʒīm (m)	رجيم
vitamina (f)	vitamīn (m)	فيتامين
caloría (f)	soʿra ḥarāriya (f)	سعرة حراريّة
vegetariano (m)	nabāty (m)	نباتي
vegetariano (adj)	nabāty	نباتي
grasas (f pl)	dohūn (pl)	دهون
proteínas (f pl)	brotenāt (pl)	بروتينات
carbohidratos (m pl)	naʃawīāt (pl)	نشويّات
loncha (f)	ʃarīḥa (f)	شريحة
pedazo (m)	ʾeṭʿa (f)	قطعة
miga (f)	fattāta (f)	فتاتة

49. Los cubiertos

cuchara (f)	maʿlaʾa (f)	معلقة
cuchillo (m)	sekkīna (f)	سكّينة

tenedor (m)	ʃawka (f)	شوكة
taza (f)	fengān (m)	فنجان
plato (m)	ṭaba' (m)	طبق
platillo (m)	ṭaba' fengān (m)	طبق فنجان
servilleta (f)	mandīl wara' (m)	منديل ورق
mondadientes (m)	χallet senān (f)	خلة سنان

50. El restaurante

restaurante (m)	maṭʿam (m)	مطعم
cafetería (f)	'ahwa (f), kaféih (m)	قهوة, كافيه
bar (m)	bār (m)	بار
salón (m) de té	ṣalone ʃāy (m)	صالون شاي
camarero (m)	garsone (m)	جرسون
camarera (f)	garsona (f)	جرسونة
barman (m)	bārman (m)	بارمان
carta (f), menú (m)	qā'emet el ṭaʿām (f)	قائمة طعام
carta (f) de vinos	qā'emet el χomūr (f)	قائمة خمور
reservar una mesa	ḥagaz sofra	حجز سفرة
plato (m)	wagba (f)	وجبة
pedir (vt)	ṭalab	طلب
hacer un pedido	ṭalab	طلب
aperitivo (m)	ʃarāb (m)	شراب
entremés (m)	moqabbelāt (pl)	مقبّلات
postre (m)	ḥalawīāt (pl)	حلويّات
cuenta (f)	ḥesāb (m)	حساب
pagar la cuenta	dafaʿ el ḥesāb	دفع الحساب
dar la vuelta	edda el bā'y	ادّي الباقي
propina (f)	ba'ʃīʃ (m)	بقشيش

La familia nuclear, los parientes y los amigos

51. La información personal. Los formularios

nombre (m)	esm (m)	اسم
apellido (m)	esm el ʿaʾela (m)	اسم العائلة
fecha (f) de nacimiento	tarīχ el melād (m)	تاريخ الميلاد
lugar (m) de nacimiento	makān el melād (m)	مكان الميلاد
nacionalidad (f)	gensiya (f)	جنسيّة
domicilio (m)	maqarr el eqāma (m)	مقرّ الإقامة
país (m)	balad (m)	بلد
profesión (f)	mehna (f)	مهنة
sexo (m)	ginss (m)	جنس
estatura (f)	ṭūl (m)	طول
peso (m)	wazn (m)	وزن

52. Los familiares. Los parientes

madre (f)	walda (f)	والدة
padre (m)	wāled (m)	والد
hijo (m)	walad (m)	ولد
hija (f)	bent (f)	بنت
hija (f) menor	el bent el saɣīra (f)	البنت الصغيرة
hijo (m) menor	el ebn el saɣīr (m)	الابن الصغير
hija (f) mayor	el bent el kebīra (f)	البنت الكبيرة
hijo (m) mayor	el ebn el kabīr (m)	الابن الكبير
hermano (m)	aχ (m)	أخ
hermano (m) mayor	el aχ el kibīr (m)	الأخ الكبير
hermano (m) menor	el aχ el ṣoɣeyyir (m)	الأخ الصغير
hermana (f)	uχt (f)	أخت
hermana (f) mayor	el uχt el kibīra (f)	الأخت الكبيرة
hermana (f) menor	el uχt el ṣoɣeyyira (f)	الأخت الصغيرة
primo (m)	ibn ʿamm (m), ibn χāl (m)	إبن عمّ, إبن خال
prima (f)	bint ʿamm (f), bint χāl (f)	بنت عم, بنت خال
mamá (f)	mama (f)	ماما
papá (m)	baba (m)	بابا
padres (pl)	waldeyn (du)	والدين
niño -a (m, f)	ṭefl (m)	طفل
niños (pl)	aṭfāl (pl)	أطفال
abuela (f)	gedda (f)	جدّة
abuelo (m)	gadd (m)	جدّ
nieto (m)	ḥafīd (m)	حفيد

nieta (f)	ḥafīda (f)	حفيدة
nietos (pl)	aḥfād (pl)	أحفاد

tío (m)	ʿamm (m), χāl (m)	عمّ, خال
tía (f)	ʿamma (f), χāla (f)	عمّة, خالة
sobrino (m)	ibn el aχ (m), ibn el uχt (m)	إبن الأخ, إبن الأخت
sobrina (f)	bint el aχ (f), bint el uχt (f)	بنت الأخ, بنت الأخت
suegra (f)	ḥamah (f)	حماة
suegro (m)	ḥama (m)	حما
yerno (m)	goze el bent (m)	جوز البنت
madrastra (f)	merāt el abb (f)	مرات الأب
padrastro (m)	goze el omm (m)	جوز الأم

niño (m) de pecho	ṭefl raḍeeʿ (m)	طفل رضيع
bebé (m)	mawlūd (m)	موّلود
chico (m)	walad ṣaɣīr (m)	ولد صغير

mujer (f)	goza (f)	جوزة
marido (m)	goze (m)	جوز
esposo (m)	goze (m)	جوز
esposa (f)	goza (f)	جوزة

casado (adj)	metgawwez	متجوّز
casada (adj)	metgawweza	متجوّزة
soltero (adj)	aʿzab	أعزب
soltero (m)	aʿzab (m)	أعزب
divorciado (adj)	moṭallaq (m)	مطلّق
viuda (f)	armala (f)	أرملة
viudo (m)	armal (m)	أرمل

pariente (m)	ʾarīb (m)	قريب
pariente (m) cercano	nesīb ʾarīb (m)	نسيب قريب
pariente (m) lejano	nesīb beʿīd (m)	نسيب بعيد
parientes (pl)	aqāreb (pl)	أقارب

huérfano (m), huérfana (f)	yatīm (m)	يتيم
tutor (m)	walyī amr (m)	وليّ أمر
adoptar (un niño)	tabanna	تبنّى
adoptar (una niña)	tabanna	تبنّى

53. Los amigos. Los compañeros del trabajo

amigo (m)	ṣadīq (m)	صديق
amiga (f)	ṣadīqa (f)	صديقة
amistad (f)	ṣadāqa (f)	صداقة
ser amigo	ṣādaq	صادق

amigote (m)	ṣāḥeb (m)	صاحب
amiguete (f)	ṣaḥba (f)	صاحبة
compañero (m)	rafīʾ (m)	رفيق

jefe (m)	raʾīs (m)	رئيس
superior (m)	el arfaʿ maqāman (m)	الأرفع مقاماً
propietario (m)	ṣāḥib (m)	صاحب

subordinado (m)	tābeʿ (m)	تابع
colega (m, f)	zamīl (m)	زميل
conocido (m)	maʿrefa (m)	معرفة
compañero (m) de viaje	rafīʾ safar (m)	رفيق سفر
condiscípulo (m)	zamīl fel ṣaff (m)	زميل في الصفّ
vecino (m)	gār (m)	جار
vecina (f)	gāra (f)	جارة
vecinos (pl)	gerān (pl)	جيران

54. El hombre. La mujer

mujer (f)	set (f)	ست
muchacha (f)	bent (f)	بنت
novia (f)	ʿarūsa (f)	عروسة
guapa (adj)	gamīla	جميلة
alta (adj)	ṭawīla	طويلة
esbelta (adj)	raʃīqa	رشيقة
de estatura mediana	ʾaṣīra	قصيرة
rubia (f)	ʃaʾra (f)	شقراء
morena (f)	zāt al ʃaʿr el dāken (f)	ذات الشعر الداكن
de señora (adj)	sayedāt	سيّدات
virgen (f)	ʿazrāʾ (f)	عذراء
embarazada (adj)	ḥāmel	حامل
hombre (m) (varón)	rāgel (m)	راجل
rubio (m)	aʃʾar (m)	أشقر
moreno (m)	zu el ʃaʿr el dāken (m)	ذو الشعر الداكن
alto (adj)	ṭawīl	طويل
de estatura mediana	ʾaṣīr	قصير
grosero (adj)	waqeḥ	وقح
rechoncho (adj)	malyān	مليان
robusto (adj)	matīn	متين
fuerte (adj)	ʾawy	قويّ
fuerza (f)	ʾowwa (f)	قوّة
gordo (adj)	teχīn	تخين
moreno (adj)	asmar	أسمر
esbelto (adj)	raʃīq	رشيق
elegante (adj)	anīq	أنيق

55. La edad

edad (f)	ʿomr (m)	عمر
juventud (f)	ʃabāb (m)	شباب
joven (adj)	ʃāb	شاب
menor (adj)	aṣɣar	أصغر

mayor (adj)	akbar	أكبر
joven (m)	ʃāb (m)	شاب
adolescente (m)	morāheq (m)	مراهق
muchacho (m)	ʃāb (m)	شاب
anciano (m)	ʿagūz (m)	عجوز
anciana (f)	ʿagūza (f)	عجوزة
adulto	rāʃed (m)	راشد
de edad media (adj)	fe montaṣaf el ʿomr	في منتصف العمر
anciano, mayor (adj)	ʿagūz	عجوز
viejo (adj)	ʿagūz	عجوز
jubilación (f)	maʿāʃ (m)	معاش
jubilarse	oḥīl ʿala el maʿāʃ	أحيل على المعاش
jubilado (m)	motaqāʿed (m)	متقاعد

56. Los niños

niño -a (m, f)	ṭefl (m)	طفل
niños (pl)	aṭfāl (pl)	أطفال
gemelos (pl)	tawʾam (du)	توأم
cuna (f)	mahd (m)	مهد
sonajero (m)	χoʃχeyʃa (f)	خشخيشة
pañal (m)	bambarz, ḥaffāḍ (m)	بامبرز, حفاض
chupete (m)	bazzāza (f)	بزّازة
cochecito (m)	ʿarabet aṭfāl (f)	عربة أطفال
jardín (m) de infancia	rawḍet aṭfāl (f)	روضة أطفال
niñera (f)	dāda (f)	دادة
infancia (f)	ṭofūla (f)	طفولة
muñeca (f)	ʿarūsa (f)	عروسة
juguete (m)	leʿba (f)	لعبة
mecano (m)	mokaʿʿabāt (pl)	مكعّبات
bien criado (adj)	moʾaddab	مؤدّب
mal criado (adj)	ʾalīl el adab	قليل الأدب
mimado (adj)	metdallaʿ	متدلّع
hacer travesuras	ʃefy	شقي
travieso (adj)	laʿūb	لعوب
travesura (f)	ezʿāg (m)	إزعاج
travieso (m)	ṭefl laʿūb (m)	طفل لعوب
obediente (adj)	moṭeeʿ	مطيع
desobediente (adj)	ʿāq	عاقّ
dócil (adj)	ʿāʾel	عاقل
inteligente (adj)	zaky	ذكي
niño (m) prodigio	ṭefl moʿgeza (m)	طفل معجزة

57. El matrimonio. La vida familiar

besar (vt)	bās	باس
besarse (vr)	bās	باس
familia (f)	ʿeyla (f)	عيلة
familiar (adj)	ʿāʾely	عائلي
pareja (f)	gozeyn (du)	جوزين
matrimonio (m)	gawāz (m)	جواز
hogar (m) familiar	beyt (m)	بيت
dinastía (f)	solāla ḥākema (f)	سلالة حاكمة
cita (f)	mawʿed (m)	موّعد
beso (m)	bosa (f)	بوسة
amor (m)	ḥobb (m)	حبّ
querer (amar)	ḥabb	حبّ
querido (adj)	ḥabīb	حبيب
ternura (f)	ḥanān (m)	حنان
tierno (afectuoso)	ḥanūn	حنون
fidelidad (f)	el eχlāṣ (m)	الإخلاص
fiel (adj)	moχleṣ	مخلص
cuidado (m)	ʿenāya (f)	عناية
cariñoso (un padre ~)	mohtamm	مهتمّ
recién casados (pl)	ʿarūseyn (du)	عروسين
luna (f) de miel	ʃahr el ʿasal (m)	شهر العسل
estar casada	tagawwaz	تجوّز
casarse (con una mujer)	tagawwaz	تجوّز
boda (f)	faraḥ (m)	فرح
bodas (f pl) de oro	el zekra el χamsīn lel gawāz (f)	الذكرى الخمسين للجواز
aniversario (m)	zekra sanawiya (f)	ذكرى سنوية
amante (m)	ḥabīb (m)	حبيب
amante (f)	ḥabība (f)	حبيبة
adulterio (m)	χeyāna zawgiya (f)	خيانة زوّجية
cometer adulterio	χān	خان
celoso (adj)	ɣayūr	غيّور
tener celos	ɣār	غار
divorcio (m)	ṭalāʾ (m)	طلاق
divorciarse (vr)	ṭallaʾ	طلّق
reñir (vi)	etχāneʾ	إتخانق
reconciliarse (vr)	taṣālaḥ	تصالح
juntos (adv)	maʿ baʿḍ	مع بعض
sexo (m)	ginss (m)	جنس
felicidad (f)	saʿāda (f)	سعادة
feliz (adj)	saʿīd	سعيد
desgracia (f)	moṣība (m)	مصيبة
desgraciado (adj)	taʿīs	تعيس

Las características de personalidad. Los sentimientos

58. Los sentimientos. Las emociones

sentimiento (m)	ʃoʿūr (m)	شعور
sentimientos (m pl)	maʃāʿer (pl)	مشاعر
sentir (vt)	ʃaʿar	شعر
hambre (f)	gūʿ (m)	جوع
tener hambre	ʿāyez ʾākol	عايز آكل
sed (f)	ʿaṭaʃ (m)	عطش
tener sed	ʿāyez aʃrab	عايز أشرب
somnolencia (f)	neʿās (m)	نعاس
tener sueño	neʿes	نعس
cansancio (m)	taʿab (m)	تعب
cansado (adj)	taʿbān	تعبان
estar cansado	teʿeb	تعب
humor (m) (de buen ~)	mazāg (m)	مزاج
aburrimiento (m)	malal (m)	ملل
aburrirse (vr)	zeheʾ	زهق
soledad (f)	ʿozla (f)	عزلة
aislarse (vr)	ʿazal	عزل
inquietar (vt)	aʾlaʾ	أقلق
inquietarse (vr)	ʾeleʾ	قلق
inquietud (f)	ʾalaʾ (m)	قلق
preocupación (f)	ʾalaʾ (m)	قلق
preocupado (adj)	maʃɣūl el bāl	مشغول البال
estar nervioso	etwattar	إتوتّر
darse al pánico	etχaḍḍ	إتخضّ
esperanza (f)	amal (m)	أمل
esperar (tener esperanza)	tamanna	تمنّى
seguridad (f)	yaqīn (m)	يقين
seguro (adj)	motaʾakked	متأكّد
inseguridad (f)	ʿadam el taʾakkod (m)	عدم التأكّد
inseguro (adj)	meʃ motaʾakked	مش متأكّد
borracho (adj)	sakrān	سكران
sobrio (adj)	ṣāḥy	صاحي
débil (adj)	ḍaʿīf	ضعيف
feliz (adj)	saʿīd	سعيد
asustar (vt)	χawwef	خوّف
furia (f)	ɣaḍab ʃedīd (m)	غضب شديد
rabia (f)	ɣaḍab (m)	غضب
depresión (f)	markteʾāb (m)	إكتئاب
incomodidad (f)	ʿadam erteyāḥ (m)	عدم إرتياح

comodidad (f)	rāḥa (f)	راحة
arrepentirse (vr)	nedem	ندم
arrepentimiento (m)	nadam (m)	ندم
mala suerte (f)	sūʾ ḥaẓẓ (m)	سوء حظ
tristeza (f)	ḥozn (f)	حزن
vergüenza (f)	χagal (m)	خجل
júbilo (m)	faraḥ (m)	فرح
entusiasmo (m)	ḥamās (m)	حماس
entusiasta (m)	motaḥammes (m)	متحمّس
mostrar entusiasmo	taḥammas	تحمّس

59. El carácter. La personalidad

carácter (m)	ʃaχṣiya (f)	شخصية
defecto (m)	ʿeyb (m)	عيب
mente (f), razón (f)	ʿaʾl (m)	عقل
consciencia (f)	ḍamīr (m)	ضمير
hábito (m)	ʿāda (f)	عادة
habilidad (f)	qodra (f)	قدرة
poder (~ nadar, etc.)	ʿeref	عرف
paciente (adj)	ṣabūr	صبور
impaciente (adj)	ʾalīl el ṣabr	قليل الصبر
curioso (adj)	foḍūly	فضولي
curiosidad (f)	foḍūl (m)	فضول
modestia (f)	tawāḍoʿ (m)	تواضع
modesto (adj)	motawāḍeʿ	متواضع
inmodesto (adj)	meʃ motawāḍeʿ	مش متواضع
pereza (f)	kasal (m)	كسل
perezoso (adj)	kaslān	كسلان
perezoso (m)	kaslān (m)	كسلان
astucia (f)	makr (m)	مكر
astuto (adj)	makkār	مكّار
desconfianza (f)	ʿadam el seqa (m)	عدم الثقة
desconfiado (adj)	ʃakkāk	شكّاك
generosidad (f)	karam (m)	كرم
generoso (adj)	karīm	كريم
talentoso (adj)	mawhūb	موهوب
talento (m)	mawheba (f)	موهبة
valiente (adj)	ʃogāʿ	شجاع
coraje (m)	ʃagāʿa (f)	شجاعة
honesto (adj)	amīn	أمين
honestidad (f)	amāna (f)	أمانة
prudente (adj)	ḥazer	حذر
valeroso (adj)	ʃogāʿ	شجاع
serio (adj)	gād	جاد

severo (adj)	ṣārem	صارم
decidido (adj)	ḥāsem	حاسم
indeciso (adj)	motaradded	متردّد
tímido (adj)	χagūl	خجول
timidez (f)	χagal (m)	خجل
confianza (f)	seqa (f)	ثقة
creer (créeme)	wasaq	وثق
confiado (crédulo)	saree' el taṣdīq	سريع التصديق
sinceramente (adv)	beṣarāḥa	بصراحة
sincero (adj)	moχleṣ	مخلص
sinceridad (f)	eχlāṣ (m)	إخلاص
abierto (adj)	ṣarīḥ	صريح
calmado (adj)	hady	هادئ
franco (sincero)	ṣarīḥ	صريح
ingenuo (adj)	sāzeg	ساذج
distraído (adj)	ʃāred el fekr	شارد الفكر
gracioso (adj)	moḍḥek	مضحك
avaricia (f)	boχl (m)	بخل
avaro (adj)	ṭammā'	طماع
tacaño (adj)	baχīl	بخيل
malvado (adj)	ʃerrīr	شرير
terco (adj)	'anīd	عنيد
desagradable (adj)	karīh	كريه
egoísta (m)	anāny (m)	أناني
egoísta (adj)	anāny	أناني
cobarde (m)	gabān (m)	جبان
cobarde (adj)	gabān	جبان

60. El sueño. Los sueños

dormir (vi)	nām	نام
sueño (m) (estado)	nome (m)	نوم
sueño (m) (dulces ~s)	ḥelm (m)	حلم
soñar (vi)	ḥelem	حلم
adormilado (adj)	na'sān	نعسان
cama (f)	serīr (m)	سرير
colchón (m)	martaba (f)	مرتبة
manta (f)	baṭṭaniya (f)	بطّانيّة
almohada (f)	maχadda (f)	مخدّة
sábana (f)	melāya (f)	ملاية
insomnio (m)	araq (m)	أرق
de insomnio (adj)	bodūn nome	بدون نوم
somnífero (m)	monawwem (m)	منوّم
tomar el somnífero	aχad monawwem	اخد منوّم
tener sueño	ne'es	نعس
bostezar (vi)	ettāweb	إتّاوب

irse a la cama	rāḥ lel serīr	راح للسرير
hacer la cama	waḍḍab el serīr	وضّب السرير
dormirse (vr)	nām	نام
pesadilla (f)	kabūs (m)	كابوس
ronquido (m)	ʃeχīr (m)	شخير
roncar (vi)	ʃakχar	شخّر
despertador (m)	monabbeh (m)	منبّه
despertar (vt)	ṣaḥḥa	صحّى
despertarse (vr)	ṣeḥy	صحي
levantarse (vr)	ʾām	قام
lavarse (vr)	ɣasal	غسل

61. El humor. La risa. La alegría

humor (m)	hezār (m)	هزار
sentido (m) del humor	ḥess fokāhy (m)	حسّ فكاهي
divertirse (vr)	estamtaʿ	إستمتع
alegre (adj)	farḥān	فرحان
júbilo (m)	bahga (f)	بهجة
sonrisa (f)	ebtesāma (f)	إبتسامة
sonreír (vi)	ebtasam	إبتسم
echarse a reír	badaʾ yeḍḥak	بدأ يضحك
reírse (vr)	ḍeḥek	ضحك
risa (f)	ḍeḥka (f)	ضحكة
anécdota (f)	ḥekāya (f)	حكاية
gracioso (adj)	moḍḥek	مضحك
ridículo (adj)	moḍḥek	مضحك
bromear (vi)	hazzar	هزّر
broma (f)	nokta (f)	نكتة
alegría (f) (emoción)	saʿāda (f)	سعادة
alegrarse (vr)	mereḥ	مرح
alegre (~ de que ...)	saʿīd	سعيد

62. La discusión y la conversación. Unidad 1

comunicación (f)	tawāṣol (m)	تواصل
comunicarse (vr)	tawāṣal	تواصل
conversación (f)	moḥadsa (f)	محادثة
diálogo (m)	ḥewār (m)	حوار
discusión (f) (debate)	monaʾʃa (f)	مناقشة
debate (m)	χelāf (m)	خلاف
debatir (vi)	χālef	خالف
interlocutor (m)	muḥāwer (m)	محاوّر
tema (m)	mawḍūʿ (m)	موضوع
punto (m) de vista	weg-het naẓar (f)	وجهة نظر

opinión (f)	ra'yī (m)	رأي
discurso (m)	χeṭāb (m)	خطاب
discusión (f) (del informe, etc.)	mona'ʃa (f)	مناقشة
discutir (vt)	nā'eʃ	ناقش
conversación (f)	ḥadīs (m)	حديث
conversar (vi)	dardeʃ	دردش
reunión (f)	leqā' (m)	لقاء
encontrarse (vr)	'ābel	قابل
proverbio (m)	masal (m)	مثل
dicho (m)	maqūla (f)	مقولة
adivinanza (f)	loɣz (m)	لغز
contar una adivinanza	toʃakkel loɣz	تشكّل لغز
contraseña (f)	kelmet el morūr (f)	كلمة مرور
secreto (m)	serr (m)	سرّ
juramento (m)	qasam (m)	قسم
jurar (vt)	aqsam	أقسم
promesa (f)	wa'd (m)	وعد
prometer (vt)	wa'ad	وعد
consejo (m)	naṣīḥa (f)	نصيحة
aconsejar (vt)	naṣaḥ	نصح
seguir el consejo	tatabba' naṣīḥa	تتبّع نصيحة
escuchar (a los padres)	aṭā'	أطاع
noticias (f pl)	aχbār (m)	أخبار
sensación (f)	ḍagga (f)	ضجّة
información (f)	ma'lumāt (pl)	معلومات
conclusión (f)	estentāg (f)	إستنتاج
voz (f)	ṣote (m)	صوت
cumplido (m)	madḥ (m)	مدح
amable (adj)	laṭīf	لطيف
palabra (f)	kelma (f)	كلمة
frase (f)	'ebāra (f)	عبارة
respuesta (f)	gawāb (m)	جواب
verdad (f)	ḥa'ī'a (f)	حقيقة
mentira (f)	kezb (m)	كذب
pensamiento (m)	fekra (f)	فكرة
idea (f)	fekra (f)	فكرة
fantasía (f)	χayāl (m)	خيال

63. La discusión y la conversación. Unidad 2

respetado (adj)	moḥtaram	محترم
respetar (vt)	eḥtaram	إحترم
respeto (m)	eḥterām (m)	إحترام
Estimado ...	'azīzy ...	عزيزي...
presentar (~ a sus padres)	'arraf	عرّف
conocer a alguien	ta'arraf	تعرّف

intención (f)	niya (f)	نيّة
tener intención (de ...)	nawa	نوى
deseo (m)	omniya (f)	أمنية
desear (vt) (~ buena suerte)	tamanna	تمنّى
sorpresa (f)	mofag'a (f)	مفاجأة
sorprender (vt)	fāga'	فاجئ
sorprenderse (vr)	etfāge'	إتفاجئ
dar (vt)	edda	أدّى
tomar (vt)	aχad	أخد
devolver (vt)	radd	ردّ
retornar (vt)	ragga'	رجّع
disculparse (vr)	e'tazar	إعتذر
disculpa (f)	e'tezār (m)	إعتذار
perdonar (vt)	'afa	عفا
hablar (vi)	etkallem	إتكلّم
escuchar (vt)	seme'	سمع
escuchar hasta el final	seme'	سمع
comprender (vt)	fehem	فهم
mostrar (vt)	'araḍ	عرض
mirar a ...	baṣṣ	بصّ
llamar (vt)	nāda	نادى
distraer (molestar)	ʃaɣal	شغل
molestar (vt)	az'ag	أزعج
pasar (~ un mensaje)	sallem	سلّم
petición (f)	ṭalab (m)	طلب
pedir (vt)	ṭalab	طلب
exigencia (f)	maṭlab (m)	مطلب
exigir (vt)	ṭāleb	طالب
motejar (vr)	ɣāẓ	غاظ
burlarse (vr)	saχar	سخر
burla (f)	soχreya (f)	سخرية
apodo (m)	esm el ʃohra (m)	اسم الشهرة
alusión (f)	talmīḥ (m)	تلميح
aludir (vi)	lammaḥ	لمّح
sobrentender (vt)	'aṣad	قصد
descripción (f)	waṣf (m)	وصف
describir (vt)	waṣaf	وصف
elogio (m)	madḥ (m)	مدح
elogiar (vt)	madaḥ	مدح
decepción (f)	χeybet amal (f)	خيبة أمل
decepcionar (vt)	χayab	خيّب
estar decepcionado	χābet 'āmalo	خابت آماله
suposición (f)	efterāḍ (m)	إفتراض
suponer (vt)	eftaraḍ	إفترض
advertencia (f)	taḥzīr (m)	تحذير
prevenir (vt)	ḥazzar	حذّر

64. La discusión y la conversación. Unidad 3

convencer (vt)	aqnaʿ	أقنع
calmar (vt)	ṭamʾan	طمأن
silencio (m) (~ es oro)	sokūt (m)	سكوت
callarse (vr)	seket	سكت
susurrar (vi, vt)	hamas	همس
susurro (m)	hamsa (f)	همسة
francamente (adv)	beṣarāḥa	بصراحة
en mi opinión …	fi raʾyi …	... في رأيي
detalle (m) (de la historia)	tafṣīl (m)	تفصيل
detallado (adj)	mofaṣṣal	مفصّل
detalladamente (adv)	bel tafṣīl	بالتفصيل
pista (f)	talmīḥ (m)	تلميح
dar una pista	edda lamḥa	أدى لمحة
mirada (f)	naẓra (f)	نظرة
echar una mirada	alqa nazra	ألقى نظرة
fija (mirada ~)	sābet	ثابت
parpadear (vi)	ramaʃ	رمش
guiñar un ojo	ɣamaz	غمز
asentir con la cabeza	haz rāso	هزّ رأسه
suspiro (m)	tanhīda (f)	تنهيدة
suspirar (vi)	tanahhad	تنهّد
estremecerse (vr)	ertaʿaʃ	ارتعش
gesto (m)	eʃāret yad (f)	إشارة يد
tocar (con la mano)	lamas	لمس
asir (~ de la mano)	mesek	مسك
palmear (~ la espalda)	ḥazz	حزّ
¡Cuidado!	χally bālak!	!خللي بالك
¿De veras?	feʿlan	فعلاَ؟
¿Estás seguro?	enta motaʾakked?	أنت متأكّد؟
¡Suerte!	bel tawfīʾ!	!بالتوفيق
¡Ya veo!	wāḍeḥ!	!واضح
¡Es una lástima!	ya χesāra!	!يا خسارة

65. El acuerdo. El rechazo

acuerdo (m)	mowafʾa (f)	موافقة
estar de acuerdo	wāfeʾ	وافق
aprobación (f)	ʾobūl (m)	قبول
aprobar (vt)	ʾabal	قبل
rechazo (m)	rafḍ (m)	رفض
negarse (vr)	rafaḍ	رفض
¡Excelente!	ʿaẓīm!	!عظيم
¡De acuerdo!	tamām!	!تمام
¡Vale!	ettafaʾna!	!إتّفقنا

prohibido (adj)	mamnūʿ	ممنوع
está prohibido	mamnūʿ	ممنوع
es imposible	mostaḥīl	مستحيل
incorrecto (adj)	ɣeleṭ	غلط
rechazar (vt)	rafaḍ	رفض
apoyar (la decisión)	ayed	أيّد
aceptar (vt)	ʾabal	قبل
confirmar (vt)	akkad	أكّد
confirmación (f)	taʾkīd (m)	تأكيد
permiso (m)	samāḥ (m)	سماح
permitir (vt)	samaḥ	سمح
decisión (f)	qarār (m)	قرار
no decir nada	ṣamt	صمت
condición (f)	ʃarṭ (m)	شرط
excusa (f) (pretexto)	ʿozr (m)	عذر
elogio (m)	madḥ (m)	مدح
elogiar (vt)	madaḥ	مدح

66. El éxito. La buena suerte. El fracaso

éxito (m)	nagāḥ (m)	نجاح
con éxito (adv)	be nagāḥ	بنجاح
exitoso (adj)	nāgeḥ	ناجح
suerte (f)	ḥazz (m)	حظّ
¡Suerte!	bel tawfīʾ!	!بالتوفيق
de suerte (día ~)	maḥẓūẓ	محظوظ
afortunado (adj)	maḥẓūẓ	محظوظ
fiasco (m)	faʃal (m)	فشل
infortunio (m)	sūʾ el ḥazz (m)	سوء الحظّ
mala suerte (f)	sūʾ el ḥazz (m)	سوء الحظّ
fracasado (adj)	ɣayr nāgeḥ	غير ناجح
catástrofe (f)	karsa (f)	كارثة
orgullo (m)	faχr (m)	فخر
orgulloso (adj)	faχūr	فخور
estar orgulloso	eftaχar	إفتخر
ganador (m)	fāʾez (m)	فائز
ganar (vi)	fāz	فاز
perder (vi)	χeser	خسر
tentativa (f)	moḥawla (f)	محاولة
intentar (tratar)	ḥāwel	حاول
chance (f)	forṣa (f)	فرصة

67. Las discusiones. Las emociones negativas

grito (m)	ṣarχa (f)	صرخة
gritar (vi)	ṣarraχ	صرّخ

comenzar a gritar	ṣarraχ	صرّخ
disputa (f), riña (f)	χenā'a (f)	خناقة
reñir (vi)	etχāne'	إتخانق
escándalo (m) (riña)	χenā'a (f)	خناقة
causar escándalo	taʃāgar	تشاجر
conflicto (m)	χelāf (m)	خلاف
malentendido (m)	sū' tafāhom (m)	سوء تفاهم
insulto (m)	ehāna (f)	إهانة
insultar (vt)	ahān	أهان
insultado (adj)	mohān	مهان
ofensa (f)	esteyā' (m)	إستياء
ofender (vt)	ahān	أهان
ofenderse (vr)	estā'	إستاء
indignación (f)	saχṭ (m)	سخط
indignarse (vr)	estā'	إستاء
queja (f)	ʃakwa (f)	شكوى
quejarse (vr)	ʃaka	شكا
disculpa (f)	e'tezār (m)	إعتذار
disculparse (vr)	e'tazar	إعتذر
pedir perdón	e'tazar	إعتذر
crítica (f)	naqd (m)	نقد
criticar (vt)	naqad	نقد
acusación (f)	ettehām (m)	إتّهام
acusar (vt)	ettaham	إتّهم
venganza (f)	enteqām (m)	إنتقام
vengar (vt)	entaqam	إنتقم
pagar (vt)	radd	ردّ
desprecio (m)	ezderā' (m)	إزدراء
despreciar (vt)	eḥtaqar	إحتقر
odio (m)	korh (f)	كره
odiar (vt)	kereh	كره
nervioso (adj)	'aṣaby	عصبي
estar nervioso	etwattar	إتوّتر
enfadado (adj)	ɣaḍbān	غضبان
enfadar (vt)	narfez	نرفز
humillación (f)	ezlāl (m)	إذلال
humillar (vt)	zallel	ذلّل
humillarse (vr)	tazallal	تذلّل
choque (m)	ṣadma (f)	صدمة
chocar (vi)	ṣadam	صدم
molestia (f) (problema)	moʃkela (f)	مشكلة
desagradable (adj)	karīh	كريه
miedo (m)	χofe (m)	خوف
terrible (tormenta, etc.)	ʃedīd	شديد
de miedo (historia ~)	moχīf	مخيف

horror (m)	roʿb (m)	رعب
horrible (adj)	baʃeʿ	بشع
empezar a temblar	ertaʿaʃ	إرتعش
llorar (vi)	baka	بكى
comenzar a llorar	badaʾ yebky	بدأ يبكي
lágrima (f)	damaʿa (f)	دمعة
culpa (f)	ɣalṭa (f)	غلطة
remordimiento (m)	zanb (m)	ذنب
deshonra (f)	ʿār (m)	عار
protesta (f)	eḥtegāg (m)	إحتجاج
estrés (m)	tawattor (m)	توتّر
molestar (vt)	azʿag	أزعج
estar furioso	ɣeḍeb	غضب
enfadado (adj)	ɣaḍbān	غضبان
terminar (vt)	anha	أنهى
regañar (vt)	ʃatam	شتم
asustarse (vr)	χāf	خاف
golpear (vt)	ḍarab	ضرب
pelear (vi)	χāneʾ	خانق
resolver (~ la discusión)	sawwa	سوّى
descontento (adj)	meʃ rāḍy	مش راضي
furioso (adj)	ɣaḍbān	غضبان
¡No está bien!	keda meʃ kwayes!	!كده مش كويّس
¡Está mal!	keda weḥeʃ!	كده وحش!

La medicina

68. Las enfermedades

enfermedad (f)	maraḍ (m)	مرض
estar enfermo	mereḍ	مرض
salud (f)	ṣeḥḥa (f)	صحّة
resfriado (m) (coriza)	raʃ-ḥ fel anf (m)	رشح في الأنف
angina (f)	eltehāb el lawzateyn (m)	إلتهاب اللوزتين
resfriado (m)	zokām (m)	زكام
resfriarse (vr)	gālo bard	جاله برد
bronquitis (f)	eltehāb ʃoʿaby (m)	إلتهاب شعبيّ
pulmonía (f)	eltehāb raʾawy (m)	إلتهاب رئوي
gripe (f)	influenza (f)	إنفلونزا
miope (adj)	ʾaṣīr el naẓar	قصير النظر
présbita (adj)	beʿīd el naẓar	بعيد النظر
estrabismo (m)	ḥawal (m)	حوّل
estrábico (m) (adj)	aḥwal	أحوّل
catarata (f)	katarakt (f)	كاتاراكت
glaucoma (m)	glawkoma (f)	جلوكوما
insulto (m)	sakta (f)	سكتة
ataque (m) cardiaco	azma ʾalbiya (f)	أزمة قلبية
infarto (m) de miocardio	nawba ʾalbiya (f)	نوبة قلبية
parálisis (f)	ʃalal (m)	شلل
paralizar (vt)	ʃall	شلّ
alergia (f)	ḥasasiya (f)	حساسيّة
asma (f)	rabw (m)	ربو
diabetes (f)	dāʾ el sokkary (m)	داء السكّري
dolor (m) de muelas	alam asnān (m)	ألم الأسنان
caries (f)	naχr el asnān (m)	نخر الأسنان
diarrea (f)	es-hāl (m)	إسهال
estreñimiento (m)	emsāk (m)	إمساك
molestia (f) estomacal	eḍṭrāb el meʿda (m)	إضطراب المعدة
envenenamiento (m)	tasammom (m)	تسمّم
envenenarse (vr)	etsammem	إتسمّم
artritis (f)	eltehāb el mafāṣel (m)	إلتهاب المفاصل
raquitismo (m)	kosāḥ el aṭfāl (m)	كساح الأطفال
reumatismo (m)	rheumatism (m)	روماتزم
ateroesclerosis (f)	taṣṣallob el ʃarayīn (m)	تصلّب الشرايين
gastritis (f)	eltehāb el meʿda (m)	إلتهاب المعدة
apendicitis (f)	eltehāb el zayda el dūdiya (m)	إلتهاب الزائدة الدودية

colecistitis (f)	eltehāb el marāra (m)	إلتهاب المرارة
úlcera (f)	qorḥa (f)	قرحة
sarampión (m)	maraḍ el ḥaṣba (m)	مرض الحصبة
rubeola (f)	el ḥaṣba el almaniya (f)	الحصبة الألمانية
ictericia (f)	yaraqān (m)	يرقان
hepatitis (f)	eltehāb el kabed el vayrūsy (m)	إلتهاب الكبد الفيروسي
esquizofrenia (f)	fuṣām (m)	فصام
rabia (f) (hidrofobia)	dā' el kalb (m)	داء الكلب
neurosis (f)	eḍṭrāb 'aṣaby (m)	إضطراب عصبي
conmoción (f) cerebral	ertegāg el moχ (m)	إرتجاج المخ
cáncer (m)	saraṭān (m)	سرطان
esclerosis (f)	taṣṣallob (m)	تصلّب
esclerosis (m) múltiple	taṣṣallob mota'added (m)	تصلّب متعدّد
alcoholismo (m)	edmān el χamr (m)	إدمان الخمر
alcohólico (m)	modmen el χamr (m)	مدمن الخمر
sífilis (f)	syfilis el zehry (m)	سفلس الزهري
SIDA (m)	el eydz (m)	الايدز
tumor (m)	waram (m)	ورم
maligno (adj)	χabīs	خبيث
benigno (adj)	ḥamīd (m)	حميد
fiebre (f)	ḥomma (f)	حمّى
malaria (f)	malaria (f)	ملاريا
gangrena (f)	ɣanɣarīna (f)	غنغرينا
mareo (m)	dawār el baḥr (m)	دوار البحر
epilepsia (f)	maraḍ el ṣara' (m)	مرض الصرع
epidemia (f)	wabā' (m)	وباء
tifus (m)	tyfus (m)	تيفوس
tuberculosis (f)	maraḍ el soll (m)	مرض السلّ
cólera (f)	kōlīra (f)	كوليرا
peste (f)	ṭa'ūn (m)	طاعون

69. Los síntomas. Los tratamientos. Unidad 1

síntoma (m)	'araḍ (m)	عرض
temperatura (f)	ḥarāra (f)	حرارة
fiebre (f)	ḥomma (f)	حمّى
pulso (m)	nabḍ (m)	نبض
mareo (m) (vértigo)	dawχa (f)	دوخة
caliente (adj)	soχn	سخن
escalofrío (m)	ra'ʃa (f)	رعشة
pálido (adj)	aṣfar	أصفر
tos (f)	koḥḥa (f)	كحّة
toser (vi)	kaḥḥ	كحّ
estornudar (vi)	'aṭas	عطس

desmayo (m)	dawχa (f)	دوخة
desmayarse (vr)	oɣma ʿaleyh	أغمي عليه
moradura (f)	kadma (f)	كدمة
chichón (m)	tawarrom (m)	تورّم
golpearse (vr)	etχabaṭ	إتخبط
magulladura (f)	raḍḍa (f)	رضّة
magullarse (vr)	etkadam	إتكدم
cojear (vi)	ʿarag	عرج
dislocación (f)	χalʿ (m)	خلع
dislocar (vt)	χalaʿ	خلع
fractura (f)	kasr (m)	كسر
tener una fractura	enkasar	إنكسر
corte (m) (tajo)	garḥ (m)	جرح
cortarse (vr)	garaḥ nafsoh	جرح نفسه
hemorragia (f)	nazīf (m)	نزيف
quemadura (f)	ḥarʾ (m)	حرق
quemarse (vr)	et-ḥaraʾ	إتحرق
pincharse (~ el dedo)	waχaz	وخز
pincharse (vr)	waχaz nafso	وخز نفسه
herir (vt)	aṣāb	أصاب
herida (f)	eṣāba (f)	إصابة
lesión (f) (herida)	garḥ (m)	جرح
trauma (m)	ṣadma (f)	صدمة
delirar (vi)	haza	هذى
tartamudear (vi)	talaʿsam	تلعثم
insolación (f)	ḍarabet ʃams (f)	ضربة شمس

70. Los síntomas. Los tratamientos. Unidad 2

dolor (m)	alam (m)	ألم
astilla (f)	ʃazya (f)	شظية
sudor (m)	ʿerʾ (m)	عرق
sudar (vi)	ʿereʾ	عرق
vómito (m)	targeeʿ (m)	ترجيع
convulsiones (f pl)	taʃonnogāt (pl)	تشنّجات
embarazada (adj)	ḥāmel	حامل
nacer (vi)	etwalad	اتولّد
parto (m)	welāda (f)	ولادة
dar a luz	walad	ولد
aborto (m)	eg-hāḍ (m)	إجهاض
respiración (f)	tanaffos (m)	تنفّس
inspiración (f)	estenʃāq (m)	إستنشاق
espiración (f)	zafīr (m)	زفير
espirar (vi)	zafar	زفر
inspirar (vi)	estanʃaq	إستنشق

inválido (m)	moʿāq (m)	معاق
mutilado (m)	moqʿad (m)	مقعد
drogadicto (m)	modmen moχaddarāt (m)	مدمن مخدّرات
sordo (adj)	aṭraʃ	أطرش
mudo (adj)	aχras	أخرس
sordomudo (adj)	aṭraʃ aχras	أطرش أخرس
loco (adj)	magnūn	مجنون
loco (m)	magnūn (m)	مجنون
loca (f)	magnūna (f)	مجنونة
volverse loco	etgannen	اتجنّن
gen (m)	ʒīn (m)	جين
inmunidad (f)	manāʿa (f)	مناعة
hereditario (adj)	werāsy	وراثي
de nacimiento (adj)	χolqy men el welāda	خلقي من الولادة
virus (m)	virūs (m)	فيروس
microbio (m)	mikrūb (m)	ميكروب
bacteria (f)	garsūma (f)	جرثومة
infección (f)	ʿadwa (f)	عدوى

71. Los síntomas. Los tratamientos. Unidad 3

hospital (m)	mostaʃfa (m)	مستشفى
paciente (m)	marīḍ (m)	مريض
diagnosis (f)	taʃχīṣ (m)	تشخيص
cura (f)	ʃefāʾ (m)	شفاء
tratamiento (m)	ʿelāg ṭebby (m)	علاج طبي
curarse (vr)	etʿāleg	اتعالج
tratar (vt)	ʿālag	عالج
cuidar (a un enfermo)	marraḍ	مرّض
cuidados (m pl)	ʿenāya (f)	عناية
operación (f)	ʿamaliya grāḥiya (f)	عمليّة جراحية
vendar (vt)	ḍammad	ضمّد
vendaje (m)	taḍmīd (m)	تضميد
vacunación (f)	talqīḥ (m)	تلقيح
vacunar (vt)	laqqaḥ	لقّح
inyección (f)	ḥoʾna (f)	حقنة
aplicar una inyección	ḥaʾan ebra	حقن إبرة
ataque (m)	nawba (f)	نوبة
amputación (f)	batr (m)	بتر
amputar (vt)	batr	بتر
coma (m)	ɣaybūba (f)	غيبوبة
estar en coma	kān fi ḥālet ɣaybūba	كان في حالة غيبوبة
revitalización (f)	el ʿenāya el morakkaza (f)	العناية المركّزة
recuperarse (vr)	ʃefy	شفي
estado (m) (de salud)	ḥāla (f)	حالة

consciencia (f)	waʿy (m)	وعي
memoria (f)	zākera (f)	ذاكرة
extraer (un diente)	χalaʿ	خلع
empaste (m)	ḥaʃww (m)	حشو
empastar (vt)	ḥaʃa	حشا
hipnosis (f)	el tanwīm el meɣnaṭīsy (m)	التنويم المغناطيسي
hipnotizar (vt)	nawwem	نوّم

72. Los médicos

médico (m)	doktore (m)	دكتور
enfermera (f)	momarreḍa (f)	ممرّضة
médico (m) personal	doktore ʃaχṣy (m)	دكتور شخصي
dentista (m)	doktore asnān (m)	دكتور أسنان
oftalmólogo (m)	doktore el ʿoyūn (m)	دكتور العيون
internista (m)	ṭabīb baṭna (m)	طبيب باطنة
cirujano (m)	garrāḥ (m)	جرّاح
psiquiatra (m)	doktore nafsāny (m)	دكتور نفساني
pediatra (m)	doktore aṭfāl (m)	دكتور أطفال
psicólogo (m)	aχeṣāʾy ʿelm el nafs (m)	أخصائي علم النفس
ginecólogo (m)	doktore nesa (m)	دكتور نسا
cardiólogo (m)	doktore ʾalb (m)	دكتور قلب

73. La medicina. Las drogas. Los accesorios

medicamento (m), droga (f)	dawāʾ (m)	دواء
remedio (m)	ʿelāg (m)	علاج
prescribir (vt)	waṣaf	وصف
receta (f)	waṣfa (f)	وصفة
tableta (f)	ʾorṣ (m)	قرص
ungüento (m)	marham (m)	مرهم
ampolla (f)	ambūla (f)	أمبولة
mixtura (f), mezcla (f)	dawāʾ ʃorb (m)	دواء شراب
sirope (m)	ʃarāb (m)	شراب
píldora (f)	ḥabba (f)	حبّة
polvo (m)	zorūr (m)	ذرور
venda (f)	ḍammāda ʃāʃ (f)	ضمادة شاش
algodón (m) (discos de ~)	ʾoṭn (m)	قطن
yodo (m)	yūd (m)	يود
tirita (f), curita (f)	blaster (m)	بلاستر
pipeta (f)	ʾaṭṭāra (f)	قطّارة
termómetro (m)	termometr (m)	ترمومتر
jeringa (f)	serennga (f)	سرنّجة
silla (f) de ruedas	korsy motaḥarrek (m)	كرسي متحرك
muletas (f pl)	ʿokkāz (m)	عكّاز

anestésico (m)	mosakken (m)	مسكّن
purgante (m)	molayen (m)	مليّن
alcohol (m)	etanol (m)	إيثانول
hierba (f) medicinal	aʿʃāb ṭebbiya (pl)	أعشاب طبّية
de hierbas (té ~)	ʿoʃby	عشبي

74. El tabaquismo. Los productos del tabaco

tabaco (m)	tabɣ (m)	تبغ
cigarrillo (m)	segāra (f)	سيجارة
cigarro (m)	segār (m)	سيجار
pipa (f)	ɣelyone (m)	غليون
paquete (m)	ʿelba (f)	علبة
cerillas (f pl)	kebrīt (m)	كبريت
caja (f) de cerillas	ʿelbet kebrīt (f)	علبة كبريت
encendedor (m)	wallāʿa (f)	ولّاعة
cenicero (m)	ṭaʾṭūʾa (f)	طقطوقة
pitillera (f)	ʿelbet sagāyer (f)	علبة سجائر
boquilla (f)	ḥamelet segāra (f)	حاملة سيجارة
filtro (m)	filter (m)	فلتر
fumar (vi, vt)	dakχen	دخّن
encender un cigarrillo	wallaʿ segāra	ولّع سيجارة
tabaquismo (m)	tadχīn (m)	تدخين
fumador (m)	modakχen (m)	مدخّن
colilla (f)	ʿaqab segāra (m)	عقب سيجارة
humo (m)	dokχān (m)	دخّان
ceniza (f)	ramād (m)	رماد

EL AMBIENTE HUMANO

La ciudad

75. La ciudad. La vida en la ciudad

ciudad (f)	madīna (f)	مدينة
capital (f)	ʿāṣema (f)	عاصمة
aldea (f)	qarya (f)	قرية
plano (m) de la ciudad	xarīṭet el madinah (f)	خريطة المدينة
centro (m) de la ciudad	wesṭ el balad (m)	وسط البلد
suburbio (m)	ḍāḥeya (f)	ضاحية
suburbano (adj)	el ḍawāḥy	الضواحي
arrabal (m)	aṭrāf el madīna (pl)	أطراف المدينة
afueras (f pl)	ḍawāḥy el madīna (pl)	ضواحي المدينة
barrio (m)	ḥayī (m)	حي
zona (f) de viviendas	ḥayī sakany (m)	حي سكني
tráfico (m)	ḥaraket el morūr (f)	حركة المرور
semáforo (m)	eʃārāt el morūr (pl)	إشارات المرور
transporte (m) urbano	wasāʾel el naʾl (pl)	وسائل النقل
cruce (m)	taqāṭoʿ (m)	تقاطع
paso (m) de peatones	maʿbar (m)	معبر
paso (m) subterráneo	nafaʾ moʃāh (m)	نفق مشاه
cruzar (vt)	ʿabar	عبر
peatón (m)	māʃy (m)	ماشي
acera (f)	raṣīf (m)	رصيف
puente (m)	kobry (m)	كبري
muelle (m)	korneyʃ (m)	كورنيش
fuente (f)	nafūra (f)	نافورة
alameda (f)	mamʃa (m)	ممشى
parque (m)	ḥadīqa (f)	حديقة
bulevar (m)	bolvār (m)	بولفار
plaza (f)	medān (m)	ميدان
avenida (f)	ʃāreʿ (m)	شارع
calle (f)	ʃāreʿ (m)	شارع
callejón (m)	zoʾāʾ (m)	زقاق
callejón (m) sin salida	ṭarīʾ masdūd (m)	طريق مسدود
casa (f)	beyt (m)	بيت
edificio (m)	mabna (m)	مبنى
rascacielos (m)	nāṭeḥet sahāb (f)	ناطحة سحاب
fachada (f)	waɣa (f)	واجهة
techo (m)	saʾf (m)	سقف

ventana (f)	ʃebbāk (m)	شبّاك
arco (m)	qose (m)	قوس
columna (f)	ʿamūd (m)	عمود
esquina (f)	zawya (f)	زاوية
escaparate (f)	vatrīna (f)	فترينة
letrero (m) (~ luminoso)	yafṭa, lāfeta (f)	لافتة, يافطة
cartel (m)	boster (m)	بوستر
cartel (m) publicitario	boster eʿlān (m)	بوستر إعلان
valla (f) publicitaria	lawḥet eʿlanāt (f)	لوحة إعلانات
basura (f)	zebāla (f)	زبالة
cajón (m) de basura	ṣandū' zebāla (m)	صندوق زبالة
tirar basura	rama zebāla	رمى زبالة
basurero (m)	mazbala (f)	مزبلة
cabina (f) telefónica	koʃk telefōn (m)	كشك تليفون
farola (f)	ʿamūd nūr (m)	عمود نور
banco (m) (del parque)	korsy (m)	كرسي
policía (m)	ʃorṭy (m)	شرطي
policía (f) (~ nacional)	ʃorṭa (f)	شرطة
mendigo (m)	ʃaḥḥāt (m)	شحّات
persona (f) sin hogar	motaʃarred (m)	متشرّد

76. Las instituciones urbanas

tienda (f)	maḥal (m)	محل
farmacia (f)	ṣaydaliya (f)	صيدليّة
óptica (f)	maḥal naḍḍārāt (m)	محل نضّارات
centro (m) comercial	mole (m)	مول
supermercado (m)	subermarket (m)	سوبرماركت
panadería (f)	maχbaz (m)	مخبز
panadero (m)	χabbāz (m)	خبّاز
pastelería (f)	ḥalawāny (m)	حلواني
tienda (f) de comestibles	ba''āla (f)	بقّالة
carnicería (f)	gezāra (f)	جزارة
verdulería (f)	dokkān χoḍār (m)	دكّان خضار
mercado (m)	sū' (f)	سوق
cafetería (f)	'ahwa (f), kaféih (m)	قهوة, كافيه
restaurante (m)	maṭʿam (m)	مطعم
cervecería (f)	bār (m)	بار
pizzería (f)	maḥal pizza (m)	محل بيتزا
peluquería (f)	ṣalone ḥelā'a (m)	صالون حلاقة
oficina (f) de correos	maktab el barīd (m)	مكتب البريد
tintorería (f)	dray klīn (m)	دراي كلين
estudio (m) fotográfico	estudio taṣwīr (m)	إستوديو تصوير
zapatería (f)	maḥal gezam (m)	محل جزم
librería (f)	maḥal kotob (m)	محل كتب

tienda (f) deportiva	maḥal mostalzamāt reyaḍiya (m)	محل مستلزمات رياضية
arreglos (m pl) de ropa	maḥal χeyāṭet malābes (m)	محل خياطة ملابس
alquiler (m) de ropa	ta'gīr malābes rasmiya (m)	تأجير ملابس رسمية
videoclub (m)	maḥal ta'gīr video (m)	محل تأجير فيديو
circo (m)	serk (m)	سيرك
zoológico (m)	ḥadīqet el ḥayawān (f)	حديقة حيوان
cine (m)	sinema (f)	سينما
museo (m)	mat-ḥaf (m)	متحف
biblioteca (f)	maktaba (f)	مكتبة
teatro (m)	masraḥ (m)	مسرح
ópera (f)	obra (f)	أوبرا
club (m) nocturno	malha leyly (m)	ملهى ليّلي
casino (m)	kazino (m)	كازينو
mezquita (f)	masged (m)	مسجد
sinagoga (f)	kenīs (m)	كنيس
catedral (f)	katedra'iya (f)	كاتدرائية
templo (m)	ma'bad (m)	معبد
iglesia (f)	kenīsa (f)	كنيسة
instituto (m)	kolliya (m)	كليّة
universidad (f)	gam'a (f)	جامعة
escuela (f)	madrasa (f)	مدرسة
prefectura (f)	moqaṭ'a (f)	مقاطعة
alcaldía (f)	baladiya (f)	بلديّة
hotel (m)	fondo' (m)	فندق
banco (m)	bank (m)	بنك
embajada (f)	safāra (f)	سفارة
agencia (f) de viajes	ʃerket seyāḥa (f)	شركة سياحة
oficina (f) de información	maktab el este'lāmāt (m)	مكتب الإستعلامات
oficina (f) de cambio	ṣarrāfa (f)	صرّافة
metro (m)	metro (m)	مترو
hospital (m)	mostaʃfa (m)	مستشفى
gasolinera (f)	maḥaṭṭet banzīn (f)	محطّة بنزين
aparcamiento (m)	maw'ef el 'arabeyāt (m)	موقف العربيات

77. El transporte urbano

autobús (m)	buṣ (m)	باص
tranvía (m)	trām (m)	ترام
trolebús (m)	trolly buṣ (m)	ترولي باص
itinerario (m)	χaṭṭ (m)	خطّ
número (m)	raqam (m)	رقم
ir en ...	rāḥ be ...	راح بـ ...
tomar (~ el autobús)	rekeb	ركب
bajar (~ del tren)	nezel men	نزل من

parada (f)	maw'af (m)	موقف
próxima parada (f)	el maḥaṭṭa el gaya (f)	المحطة الجايّة
parada (f) final	'āχer maw'af (m)	آخر موقف
horario (m)	gadwal (m)	جدوّل
esperar (aguardar)	estanna	إستنّى

| billete (m) | tazkara (f) | تذكرة |
| precio (m) del billete | ogra (f) | أجرة |

cajero (m)	kaʃier (m)	كاشيير
control (m) de billetes	taftīʃ el tazāker (m)	تفتيش التذاكر
revisor (m)	mofatteʃ tazāker (m)	مفتش تذاكر

llegar tarde (vi)	met'akχer	متأخّر
perder (~ el tren)	ta'akχar	تأخّر
tener prisa	mesta'gel	مستعجل

taxi (m)	taksi (m)	تاكسي
taxista (m)	sawwā' taksi (m)	سوّاق تاكسي
en taxi	bel taksi	بالتاكسي
parada (f) de taxi	maw'ef taksi (m)	موقف تاكسي
llamar un taxi	kallem taksi	كلّم تاكسي
tomar un taxi	aχad taksi	أخد تاكسي

tráfico (m)	ḥaraket el morūr (f)	حركة المرور
atasco (m)	zaḥmet el morūr (f)	زحمة المرور
horas (f pl) de punta	sā'et el zorwa (f)	ساعة الذروة
aparcar (vi)	rakan	ركن
aparcar (vt)	rakan	ركن
aparcamiento (m)	maw'ef el 'arabeyāt (m)	موقف العربيات

metro (m)	metro (m)	مترو
estación (f)	maḥaṭṭa (f)	محطة
ir en el metro	aχad el metro	أخد المترو
tren (m)	qeṭār, 'aṭṭr (m)	قطار
estación (f)	maḥaṭṭet qeṭār (f)	محطة قطار

78. El turismo. La excursión

monumento (m)	temsāl (m)	تمثال
fortaleza (f)	'al'a (f)	قلعة
palacio (m)	'aṣr (m)	قصر
castillo (m)	'al'a (f)	قلعة
torre (f)	borg (m)	برج
mausoleo (m)	ḍarīḥ (m)	ضريح

arquitectura (f)	handasa me'māriya (f)	هندسة معمارية
medieval (adj)	men el qorūn el wosṭa	من القرون الوسطى
antiguo (adj)	'atīq	عتيق
nacional (adj)	waṭany	وطني
conocido (adj)	maʃ-hūr	مشهور

| turista (m) | sā'eḥ (m) | سائح |
| guía (m) (persona) | morʃed (m) | مرشد |

excursión (f)	gawla (f)	جولة
mostrar (vt)	warra	ورّى
contar (una historia)	'āl	قال
encontrar (hallar)	la'a	لقى
perderse (vr)	ḍā'	ضاع
plano (m) (~ de metro)	χarīṭa (f)	خريطة
mapa (m) (~ de la ciudad)	χarīṭa (f)	خريطة
recuerdo (m)	tezkār (m)	تذكار
tienda (f) de regalos	maḥal hadāya (m)	محل هدايا
hacer fotos	ṣawwar	صوّر
fotografiarse (vr)	etṣawwar	إتصوّر

79. Las compras

comprar (vt)	eʃtara	إشترى
compra (f)	ḥāga (f)	حاجة
hacer compras	eʃtara	إشترى
compras (f pl)	ʃobbing (m)	شوبينج
estar abierto (tienda)	maftūḥ	مفتوح
estar cerrado	moɣlaq	مغلق
calzado (m)	gezam (pl)	جزم
ropa (f)	malābes (pl)	ملابس
cosméticos (m pl)	mawād tagmīl (pl)	مواد تجميل
productos alimenticios	akl (m)	أكل
regalo (m)	hediya (f)	هديّة
vendedor (m)	bayā' (m)	بيّاع
vendedora (f)	bayā'a (f)	بيّاعة
caja (f)	ṣandū' el daf' (m)	صندوق الدفع
espejo (m)	merāya (f)	مراية
mostrador (m)	manḍada (f)	منضدة
probador (m)	ɣorfet el 'eyās (f)	غرفة القياس
probar (un vestido)	garrab	جرّب
quedar (una ropa, etc.)	nāseb	ناسب
gustar (vi)	'agab	عجب
precio (m)	se'r (m)	سعر
etiqueta (f) de precio	tiket el se'r (m)	تيكت السعر
costar (vt)	kallef	كلّف
¿Cuánto?	bekām?	بكام؟
descuento (m)	χaṣm (m)	خصم
no costoso (adj)	meʃ ɣāly	مش غالي
barato (adj)	reχīṣ	رخيص
caro (adj)	ɣāly	غالي
Es caro	da ɣāly	ده غالي
alquiler (m)	este'gār (m)	إستئجار
alquilar (vt)	est'gar	إستأجر

crédito (m)	e'temān (m)	إئتمان
a crédito (adv)	bel ta'seeṭ	بالتقسيط

80. El dinero

dinero (m)	folūs (pl)	فلوس
cambio (m)	taḥwīl 'omla (m)	تحويل عملة
curso (m)	se'r el ṣarf (m)	سعر الصرف
cajero (m) automático	makinet ṣarrāf 'āly (f)	ماكينة صرّاف آلي
moneda (f)	'erʃ (m)	قرش
dólar (m)	dolār (m)	دولار
euro (m)	yoro (m)	يورو
lira (f)	lira (f)	ليرة
marco (m) alemán	el mark el almāny (m)	المارك الألماني
franco (m)	frank (m)	فرنك
libra esterlina (f)	geneyh esterlīny (m)	جنيه استرليني
yen (m)	yen (m)	ين
deuda (f)	deyn (m)	دين
deudor (m)	modīn (m)	مدين
prestar (vt)	sallef	سلّف
tomar prestado	estalaf	إستلف
banco (m)	bank (m)	بنك
cuenta (f)	ḥesāb (m)	حساب
ingresar (~ en la cuenta)	awda'	أودع
ingresar en la cuenta	awda' fel ḥesāb	أودع في الحساب
sacar de la cuenta	saḥab men el ḥesāb	سحب من الحساب
tarjeta (f) de crédito	kredit kard (f)	كريدت كارد
dinero (m) en efectivo	kæʃ (m)	كاش
cheque (m)	ʃīk (m)	شيك
sacar un cheque	katab ʃīk	كتب شيك
talonario (m)	daftar ʃikāt (m)	دفتر شيكات
cartera (f)	maḥfaẓa (f)	محفظة
monedero (m)	maḥfazet fakka (f)	محفظة فكّة
caja (f) fuerte	χazzāna (f)	خزّانة
heredero (m)	wāres (m)	وارث
herencia (f)	werāsa (f)	وراثة
fortuna (f)	sarwa (f)	ثروّة
arriendo (m)	'a'd el egār (m)	عقد الإيجار
alquiler (m) (dinero)	ogret el sakan (f)	أجرة السكن
alquilar (~ una casa)	est'gar	إستأجر
precio (m)	se'r (m)	سعر
coste (m)	taman (m)	ثمن
suma (f)	mablaɣ (m)	مبلغ
gastar (vt)	ṣaraf	صرف
gastos (m pl)	maṣarīf (pl)	مصاريف

economizar (vi, vt)	waffar	وفّر
económico (adj)	mowaffer	موفّر
pagar (vi, vt)	dafaʿ	دفع
pago (m)	dafʿ (m)	دفع
cambio (m) (devolver el ~)	el bāʾy (m)	الباقي
impuesto (m)	ḍarība (f)	ضريبة
multa (f)	ɣarāma (f)	غرامة
multar (vt)	faraḍ ɣarāma	فرض غرامة

81. La oficina de correos

oficina (f) de correos	maktab el barīd (m)	مكتب البريد
correo (m) (cartas, etc.)	el barīd (m)	البريد
cartero (m)	sāʿy el barīd (m)	ساعي البريد
horario (m) de apertura	awʾāt el ʿamal (pl)	أوقات العمل
carta (f)	resāla (f)	رسالة
carta (f) certificada	resāla mosaggala (f)	رسالة مسجّلة
tarjeta (f) postal	kart barīdy (m)	كرت بريدي
telegrama (m)	barqiya (f)	برقيّة
paquete (m) postal	ṭard (m)	طرد
giro (m) postal	ḥewāla māliya (f)	حوالة مالية
recibir (vt)	estalam	إستلم
enviar (vt)	arsal	أرسل
envío (m)	ersāl (m)	إرسال
dirección (f)	ʿenwān (m)	عنوان
código (m) postal	raqam el barīd (m)	رقم البريد
expedidor (m)	morsel (m)	مرسل
destinatario (m)	morsel elayh (m)	مرسل إليه
nombre (m)	esm (m)	اسم
apellido (m)	esm el ʿaʾela (m)	اسم العائلة
tarifa (f)	taʿrīfa (f)	تعريفة
ordinario (adj)	ʿādy	عادي
económico (adj)	mowaffer	موفّر
peso (m)	wazn (m)	وزن
pesar (~ una carta)	wazan	وزن
sobre (m)	ẓarf (m)	ظرف
sello (m)	ṭābeʿ (m)	طابع
poner un sello	alṣaq ṭābeʿ	ألصق طابع

La vivienda. La casa. El hogar

82. La casa. La vivienda

casa (f)	beyt (m)	بيت
en casa (adv)	fel beyt	في البيت
patio (m)	sāḥa (f)	ساحة
verja (f)	sūr (m)	سور
ladrillo (m)	ṭūb (m)	طوب
de ladrillo (adj)	men el ṭūb	من الطوب
piedra (f)	ḥagar (m)	حجر
de piedra (adj)	ḥagary	حجري
hormigón (m)	χarasāna (f)	خرسانة
de hormigón (adj)	χarasāny	خرساني
nuevo (adj)	gedīd	جديد
viejo (adj)	'adīm	قديم
deteriorado (adj)	'āayel lel soqūṭ	آيل للسقوط
moderno (adj)	mo'āṣer	معاصر
de muchos pisos	mota'added el ṭawābeq	متعدّد الطوابق
alto (adj)	'āly	عالي
piso (m), planta (f)	dore (m)	دور
de una sola planta	zu ṭābeq wāḥed	ذو طابق واحد
piso (m) bajo	el dore el awwal (m)	الدور الأوّل
piso (m) alto	ṭābe' 'olwy (m)	طابق علوي
techo (m)	sa'f (m)	سقف
chimenea (f)	madχana (f)	مدخنة
tejas (f pl)	qarmīd (m)	قرميد
de tejas (adj)	men el qarmīd	من القرميد
desván (m)	'elya (f)	علية
ventana (f)	ʃebbāk (m)	شبّاك
vidrio (m)	ezāz (m)	إزاز
alféizar (m)	ḥāfet el ʃebbāk (f)	حافة الشبّاك
contraventanas (f pl)	ʃīʃ (m)	شيش
pared (f)	ḥeyṭa (f)	حيطة
balcón (m)	balakona (f)	بلكونة
gotera (f)	masūret el taṣrīf (f)	ماسورة التصريف
arriba (estar ~)	fo'e	فوق
subir (vi)	ṭele'	طلع
descender (vi)	nezel	نزل
mudarse (vr)	na'al	نقل

83. La casa. La entrada. El ascensor

entrada (f)	madχal (m)	مدخل
escalera (f)	sellem (m)	سلّم
escalones (m pl)	daragāt (pl)	درجات
baranda (f)	drabzīn (m)	درابزين
vestíbulo (m)	ṣāla (f)	صالة
buzón (m)	ṣandū' el barīd (m)	صندوق البريد
contenedor (m) de basura	ṣandū' el zebāla (m)	صندوق الزبالة
bajante (f) de basura	manfaz el zebāla (m)	منفذ الزبالة
ascensor (m)	asanseyr (m)	اسانسير
ascensor (m) de carga	asanseyr el ʃaḥn (m)	اسانسير الشحن
cabina (f)	kabīna (f)	كابينة
ir en el ascensor	rekeb el asanseyr	ركب الاسانسير
apartamento (m)	ʃa''a (f)	شقّة
inquilinos (pl)	sokkān (pl)	سكّان
vecino (m)	gār (m)	جار
vecina (f)	gāra (f)	جارة
vecinos (pl)	gerān (pl)	جيران

84. La casa. La puerta. La cerradura

puerta (f)	bāb (m)	باب
portón (m)	bawwāba (f)	بوّابة
tirador (m)	okret el bāb (f)	اوكرة الباب
abrir el cerrojo	fataḥ	فتح
abrir (vt)	fataḥ	فتح
cerrar (vt)	'afal	قفل
llave (f)	meftāḥ (m)	مفتاح
manojo (m) de llaves	rabṭa (f)	ربطة
crujir (vi)	ṣarr	صر
crujido (m)	ṣarīr (m)	صرير
gozne (m)	mafaṣṣla (f)	مفصّلة
felpudo (m)	seggādet bāb (f)	سجّادة باب
cerradura (f)	'efl el bāb (m)	قفل الباب
ojo (m) de cerradura	χorm el meftāḥ (m)	خرم المفتاح
cerrojo (m)	terbās (m)	ترباس
pestillo (m)	terbās (m)	ترباس
candado (m)	'efl (m)	قفل
tocar el timbre	rann	رنّ
campanillazo (m)	ranīn (m)	رنين
timbre (m)	garas (m)	جرس
botón (m)	zerr (m)	زر
toque (m) a la puerta	ṭar', da'' (m)	طرق, دقّ
tocar la puerta	χabbaṭ	خبّط

código (m)	kōd (m)	كود
cerradura (f) de contraseña	kōd (m)	كود
telefonillo (m)	garas el bāb (m)	جرس الباب
número (m)	raqam (m)	رقم
placa (f) de puerta	lawḥa (f)	لوحة
mirilla (f)	el ʿeyn el seḥriya (m)	العين السحرية

85. La casa de campo

aldea (f)	qarya (f)	قرية
huerta (f)	bostān χoḍār (m)	بستان خضار
empalizada (f)	sūr (m)	سور
valla (f)	sūr (m)	سور
puertecilla (f)	bawwāba farʿiya (f)	بوّابة فرعيّة
granero (m)	ʃouna (f)	شونة
sótano (m)	serdāb (m)	سرداب
cobertizo (m)	saʾīfa (f)	سقيفة
pozo (m)	bīr (m)	بير
estufa (f)	forn (m)	فرن
calentar la estufa	awqad el botogāz	أوقد البوتاجاز
leña (f)	ḥaṭab (m)	حطب
leño (m)	ʾeṭʿet ḥaṭab (f)	قطعة حطب
veranda (f)	varannda (f)	فاراندة
terraza (f)	ʃorfa (f)	شرفة
porche (m)	sellem (m)	سلّم
columpio (m)	morgeyḥa (f)	مرجيحة

86. El castillo. El palacio

castillo (m)	ʾalʿa (f)	قلعة
palacio (m)	ʾaṣr (m)	قصر
fortaleza (f)	ʾalʿa (f)	قلعة
muralla (f)	sūr (m)	سور
torre (f)	borg (m)	برج
torre (f) principal	borbg raʾīsy (m)	برج رئيسي
rastrillo (m)	bāb motaḥarrek (m)	باب متحرّك
pasaje (m) subterráneo	serdāb (m)	سرداب
foso (m) del castillo	χondoq māʾy (m)	خندق مائي
cadena (f)	selsela (f)	سلسلة
aspillera (f)	mozɣal (m)	مزغل
magnífico (adj)	rāʾeʿ	رائع
majestuoso (adj)	mohīb	مهيب
inexpugnable (adj)	maneeʿ	منيع
medieval (adj)	men el qorūn el wosṭa	من القرون الوسطى

87. El apartamento

apartamento (m)	ʃa''a (f)	شقّة
habitación (f)	oḍa (f)	أوضة
dormitorio (m)	oḍet el nome (f)	أوضة النوم
comedor (m)	oḍet el sofra (f)	أوضة السفرة
salón (m)	oḍet el esteqbāl (f)	أوضة الإستقبال
despacho (m)	maktab (m)	مكتب
antecámara (f)	madχal (m)	مدخل
cuarto (m) de baño	ḥammām (m)	حمّام
servicio (m)	ḥammām (m)	حمّام
techo (m)	sa'f (m)	سقف
suelo (m)	arḍiya (f)	أرضية
rincón (m)	zawya (f)	زاوية

88. El apartamento. La limpieza

hacer la limpieza	naḍḍaf	نظّف
quitar (retirar)	ʃāl	شال
polvo (m)	ɣobār (m)	غبار
polvoriento (adj)	meɣabbar	مغبّر
limpiar el polvo	masaḥ el ɣobār	مسح الغبار
aspirador (m), aspiradora (f)	maknasa kahraba'iya (f)	مكنسة كهربائيّة
limpiar con la aspiradora	naḍḍaf be maknasa kahrabā'iya	نظّف بمكنسة كهربائيّة
barrer (vi, vt)	kanas	كنس
barreduras (f pl)	qomāma (f)	قمامة
orden (m)	nezām (m)	نظام
desorden (m)	fawḍa (m)	فوّضى
fregona (f)	ʃarʃūba (f)	شرشوبة
trapo (m)	mamsaḥa (f)	ممسحة
escoba (f)	ma'sʃa (f)	مقشّة
cogedor (m)	lammāma (f)	لمّامة

89. Los muebles. El interior

muebles (m pl)	asās (m)	أثاث
mesa (f)	maktab (m)	مكتب
silla (f)	korsy (m)	كرسي
cama (f)	serīr (m)	سرير
sofá (m)	kanaba (f)	كنبة
sillón (m)	korsy (m)	كرسي
librería (f)	χazzānet kotob (f)	خزّانة كتب
estante (m)	raff (m)	رفّ
armario (m)	dolāb (m)	دولاب
percha (f)	ʃammā'a (f)	شمّاعة

perchero (m) de pie	ʃammā'a (f)	شمّاعة
cómoda (f)	dolāb adrāg (m)	دولاب أدراج
mesa (f) de café	ṭarabeyzet el 'ahwa (f)	طرابيزة القهوة
espejo (m)	merāya (f)	مراية
tapiz (m)	seggāda (f)	سجّادة
alfombra (f)	seggāda (f)	سجّادة
chimenea (f)	daffāya (f)	دفّاية
vela (f)	ʃam'a (f)	شمعة
candelero (m)	ʃam'adān (m)	شمعدان
cortinas (f pl)	satā'er (pl)	ستائر
empapelado (m)	wara' ḥā'eṭ (m)	ورق حائط
estor (m) de láminas	satā'er ofoqiya (pl)	ستائر أفقيّة
lámpara (f) de mesa	abāʒūr (f)	اباجورة
aplique (m)	lammbet ḥā'eṭ (f)	لمبة حائط
lámpara (f) de pie	meṣbāḥ arḍy (m)	مصباح أرضي
lámpara (f) de araña	nagafa (f)	نجفة
pata (f) (~ de la mesa)	regl (f)	رجل
brazo (m)	masnad (m)	مسند
espaldar (m)	masnad (m)	مسند
cajón (m)	dorg (m)	درج

90. Los accesorios de cama

ropa (f) de cama	bayāḍāt el serīr (pl)	بياضات السرير
almohada (f)	maχadda (f)	مخدّة
funda (f)	kīs el maχadda (m)	كيس المخدّة
manta (f)	leḥāf (m)	لحاف
sábana (f)	melāya (f)	ملاية
sobrecama (f)	ɣaṭā' el serīr (m)	غطاء السرير

91. La cocina

cocina (f)	maṭbaχ (m)	مطبخ
gas (m)	ɣāz (m)	غاز
cocina (f) de gas	botoɣāz (m)	بوتوغاز
cocina (f) eléctrica	forn kaharabā'y (m)	فرن كهربائي
horno (m)	forn (m)	فرن
horno (m) microondas	mikroweyv (m)	ميكروويف
frigorífico (m)	tallāga (f)	ثلاجة
congelador (m)	freyzer (m)	فريزر
lavavajillas (m)	ɣassālet aṭbā' (f)	غسّالة أطباق
picadora (f) de carne	farrāmet laḥm (f)	فرّامة لحم
exprimidor (m)	'aṣṣāra (f)	عصّارة
tostador (m)	maḥmaṣet χobz (f)	محمصة خبز
batidora (f)	χallāṭ (m)	خلّاط

cafetera (f) (aparato de cocina)	makinet ṣonʿ el ʾahwa (f)	ماكينة صنع القهوة
cafetera (f) (para servir)	ɣallāya kahrabaʾiya (f)	غلّاية القهوة
molinillo (m) de café	maṭ-ḥanet ʾahwa (f)	مطحنة قهوة
hervidor (m) de agua	ɣallāya (f)	غلّاية
tetera (f)	barrād el ʃāy (m)	برّاد الشاي
tapa (f)	ɣaṭāʾ (m)	غطاء
colador (m) de té	maṣfāh el ʃāy (f)	مصفاة الشاي
cuchara (f)	maʿlaʾa (f)	معلقة
cucharilla (f)	maʿlaʾet ʃāy (f)	معلقة شاي
cuchara (f) de sopa	maʿlaʾa kebīra (f)	ملعقة كبيرة
tenedor (m)	ʃawka (f)	شوكة
cuchillo (m)	sekkīna (f)	سكّينة
vajilla (f)	awāny (pl)	أواني
plato (m)	ṭabaʾ (m)	طبق
platillo (m)	ṭabaʾ fengān (m)	طبق فنجان
vaso (m) de chupito	kāsa (f)	كاسة
vaso (m) (~ de agua)	kobbāya (f)	كوبّاية
taza (f)	fengān (m)	فنجان
azucarera (f)	sokkariya (f)	سكّريّة
salero (m)	mamlaḥa (f)	مملحة
pimentero (m)	mobhera (f)	مبهرة
mantequera (f)	ṭabaʾ zebda (m)	طبق زبدة
cacerola (f)	ḥalla (f)	حلّة
sartén (f)	ṭāsa (f)	طاسة
cucharón (m)	maɣrafa (f)	مغرفة
colador (m)	maṣfāh (f)	مصفاه
bandeja (f)	ṣeniya (f)	صينيّة
botella (f)	ezāza (f)	إزازة
tarro (m) de vidrio	barṭamān (m)	برطمان
lata (f)	kanz (m)	كانز
abrebotellas (m)	fattāḥa (f)	فتّاحة
abrelatas (m)	fattāḥa (f)	فتّاحة
sacacorchos (m)	barrīma (f)	بريّمة
filtro (m)	filter (m)	فلتر
filtrar (vt)	ṣaffa	صفّى
basura (f)	zebāla (f)	زبالة
cubo (m) de basura	ṣandūʾ el zebāla (m)	صندوق الزبالة

92. El baño

cuarto (m) de baño	ḥammām (m)	حمّام
agua (f)	meyāh (f)	مياه
grifo (m)	ḥanafiya (f)	حنفيّة
agua (f) caliente	maya soχna (f)	ميّة سخنة

agua (f) fría	maya barda (f)	مايّة باردة
pasta (f) de dientes	maʿgūn asnān (m)	معجون أسنان
limpiarse los dientes	naḍḍaf el asnān	نظّف الأسنان
cepillo (m) de dientes	forʃet senān (f)	فرشة أسنان
afeitarse (vr)	ḥala'	حلق
espuma (f) de afeitar	raɣwa lel ḥelā'a (f)	رغوة للحلاقة
maquinilla (f) de afeitar	mūs (m)	موس
lavar (vt)	ɣasal	غسل
darse un baño	estaḥamma	إستحمّى
ducha (f)	doʃ (m)	دوش
darse una ducha	aχad doʃ	أخد دوش
bañera (f)	banyo (m)	بانيو
inodoro (m)	twalet (m)	تواليت
lavabo (m)	ḥoḍe (m)	حوض
jabón (m)	ṣabūn (m)	صابون
jabonera (f)	ṣabbāna (f)	صبّانة
esponja (f)	līfa (f)	ليفة
champú (m)	ʃambū (m)	شامبو
toalla (f)	fūṭa (f)	فوطة
bata (f) de baño	robe el ḥammām (m)	روب حمّام
colada (f), lavado (m)	ɣasīl (m)	غسيل
lavadora (f)	ɣassāla (f)	غسّالة
lavar la ropa	ɣasal el malābes	غسل الملابس
detergente (m) en polvo	mas-ḥū' ɣasīl (m)	مسحوق غسيل

93. Los aparatos domésticos

televisor (m)	televizion (m)	تليفزيون
magnetófono (m)	gehāz tasgīl (m)	جهاز تسجيل
vídeo (m)	'āla tasgīl video (f)	آلة تسجيل فيديو
radio (m)	gehāz radio (m)	جهاز راديو
reproductor (m) (~ MP3)	blayer (m)	بليير
proyector (m) de vídeo	gehāz ʿarḍ (m)	جهاز عرض
sistema (m) home cinema	sinema manzeliya (f)	سينما منزليّة
reproductor (m) de DVD	dividī blayer (m)	دي في دي بليير
amplificador (m)	mokabbaer el ṣote (m)	مكبّر الصوت
videoconsola (f)	'ātāry (m)	أتاري
cámara (f) de vídeo	kamera video (f)	كاميرا فيديو
cámara (f) fotográfica	kamera (f)	كاميرا
cámara (f) digital	kamera diʒital (f)	كاميرا ديجيتال
aspirador (m), aspiradora (f)	maknasa kahraba'iya (f)	مكنسة كهربائيّة
plancha (f)	makwa (f)	مكواة
tabla (f) de planchar	lawḥet kayī (f)	لوحة كيّ
teléfono (m)	telefon (m)	تليفون
teléfono (m) móvil	mobile (m)	موبايل

máquina (f) de escribir	'āla katba (f)	آلة كاتبة
máquina (f) de coser	makanet el χeyāṭa (f)	مكنة الخياطة
micrófono (m)	mikrofon (m)	ميكروفون
auriculares (m pl)	samma'āt ra'siya (pl)	سمّاعات رأسية
mando (m) a distancia	remowt kontrol (m)	ريموت كنترول
CD (m)	sidī (m)	سي دي
casete (m)	kasett (m)	كاسيت
disco (m) de vinilo	esṭewāna mūsīqa (f)	أسطوانة موسيقى

94. Los arreglos. La renovación

renovación (f)	tagdīdāt (m)	تجديدات
renovar (vt)	gadded	جدّد
reparar (vt)	ṣallaḥ	صلّح
poner en orden	nazzam	نظّم
rehacer (vt)	'ād	عاد
pintura (f)	dehān (m)	دهان
pintar (las paredes)	dahhen	دهّن
pintor (m)	dahhān (m)	دهّان
brocha (f)	forʃet dehān (f)	فرشاة الدهان
cal (f)	maḥlūl mobayeḍ (m)	محلول مبيّض
encalar (vt)	beyḍ	بيّض
empapelado (m)	wara' ḥā'eṭ (m)	ورق حائط
empapelar (vt)	laṣaq wara' el ḥā'eṭ	لصق ورق الحائط
barniz (m)	warnīʃ (m)	ورنيش
cubrir con barniz	ṭala bel warnīʃ	طلى بالورنيش

95. La plomería

agua (f)	meyāh (f)	مياه
agua (f) caliente	maya soχna (f)	مايّة سخنة
agua (f) fría	maya barda (f)	مايّة باردة
grifo (m)	ḥanafiya (f)	حنفيّة
gota (f)	'aṭra (f)	قطرة
gotear (el grifo)	'aṭṭar	قطّر
gotear (cañería)	sarrab	سرّب
escape (m) de agua	tasarrob (m)	تسرب
charco (m)	berka (f)	بركة
tubo (m)	masūra (f)	ماسورة
válvula (f)	ṣamām (m)	صمام
estar atascado	kān masdūd	كان مسدود
instrumentos (m pl)	adawāt (pl)	أدوات
llave (f) inglesa	el meftāḥ el englīzy (m)	المفتاح الإنجليزي
destornillar (vt)	fataḥ	فتح

atornillar (vt)	aḥkam el ʃadd	أحكم الشدّ
desatascar (vt)	sallek	سلّك
fontanero (m)	samkary (m)	سمكري
sótano (m)	badrome (m)	بدروم
alcantarillado (m)	ʃabaket el magāry (f)	شبكة المجاري

96. El fuego. El incendio

incendio (m)	ḥarī' (m)	حريق
llama (f)	lahab (m)	لهب
chispa (f)	ʃarāra (f)	شرارة
humo (m)	dokχān (m)	دخّان
antorcha (f)	ʃo'la (f)	شعلة
hoguera (f)	nār moχayem (m)	نار مخيّم
gasolina (f)	banzīn (m)	بنزين
queroseno (m)	kerosīn (m)	كيروسين
inflamable (adj)	qābel lel eḥterāq	قابل للإحتراق
explosivo (adj)	māda motafaggera	مادة متفجّرة
PROHIBIDO FUMAR	mamnū' el tadχīn	ممنوع التدخين
seguridad (f)	amn (m)	أمن
peligro (m)	χaṭar (m)	خطر
peligroso (adj)	χaṭīr	خطير
prenderse fuego	eʃta'al	إشتعل
explosión (f)	enfegār (m)	إنفجار
incendiar (vt)	aʃ'al el nār	أشعل النار
incendiario (m)	moʃ'el ḥarīq 'an 'amd (m)	مشعل حريق عن عمد
incendio (m) provocado	eḥrāq el momtalakāt (m)	إحراق الممتلكات
estar en llamas	awhag	أوهج
arder (vi)	et-ḥara'	إتحرق
incendiarse (vr)	et-ḥara'	إتحرق
llamar a los bomberos	kallim 'ism el ḥarī'	كلّم قسم الحريق
bombero (m)	rāgel el maṭāfy (m)	راجل المطافي
coche (m) de bomberos	sayāret el maṭāfy (f)	سيّارة المطافي
cuerpo (m) de bomberos	'esm el maṭāfy (f)	قسم المطافي
escalera (f) telescópica	sellem el maṭāfy (m)	سلّم المطافي
manguera (f)	χarṭūm el mayya (m)	خرطوم الميّة
extintor (m)	ṭaffayet ḥarī' (f)	طفّاية حريق
casco (m)	χawza (f)	خوذة
sirena (f)	sarīna (f)	سرينة
gritar (vi)	ṣarraχ	صرّخ
pedir socorro	estaɣās	إستغاث
socorrista (m)	monqez (m)	منقذ
salvar (vt)	anqaz	أنقذ
llegar (vi)	weṣel	وصل
apagar (~ el incendio)	ṭaffa	طفّى
agua (f)	meyāh (f)	مياه

arena (f)	raml (m)	رمل
ruinas (f pl)	ḥeṭām (pl)	حطام
colapsarse (vr)	enhār	إنهار
hundirse (vr)	enhār	إنهار
derrumbarse (vr)	enhār	إنهار
trozo (m) (~ del muro)	'eṭ'et ḥeṭām (f)	قطعة حطام
ceniza (f)	ramād (m)	رماد
morir asfixiado	eθχana'	إتخنق
perecer (vi)	māt	مات

LAS ACTIVIDADES DE LA GENTE

El trabajo. Los negocios. Unidad 1

97. La banca

banco (m)	bank (m)	بنك
sucursal (f)	farʿ (m)	فرع
consultor (m)	mowazzaf bank (m)	موظّف بنك
gerente (m)	modīr (m)	مدير
cuenta (f)	ḥesāb bank (m)	حساب بنك
numero (m) de la cuenta	raqam el ḥesāb (m)	رقم الحساب
cuenta (f) corriente	ḥesāb gāry (m)	حساب جاري
cuenta (f) de ahorros	ḥesāb tawfīr (m)	حساب توّفير
abrir una cuenta	fataḥ ḥesāb	فتح حساب
cerrar la cuenta	ʾafal ḥesāb	قفل حساب
ingresar en la cuenta	awdaʿ fel ḥesāb	أودع في الحساب
sacar de la cuenta	saḥab men el ḥesāb	سحب من الحساب
depósito (m)	wadeeʿa (f)	وديعة
hacer un depósito	awdaʿ	أودع
giro (m) bancario	ḥewāla maṣrefiya (f)	حوالة مصرفيّة
hacer un giro	ḥawwel	حوّل
suma (f)	mablaɣ (m)	مبلغ
¿Cuánto?	kām?	كام؟
firma (f) (nombre)	tawqeeʿ (m)	توقيع
firmar (vt)	waqqaʿ	وقّع
tarjeta (f) de crédito	kredit kard (f)	كريدت كارد
código (m)	kōd (m)	كود
número (m) de tarjeta de crédito	raqam el kredit kard (m)	رقم الكريدت كارد
cajero (m) automático	makinet ṣarrāf ʾāly (f)	ماكينة صرّاف آلي
cheque (m)	ʃīk (m)	شيك
sacar un cheque	katab ʃīk	كتب شيك
talonario (m)	daftar ʃikāt (m)	دفتر شيكات
crédito (m)	qarḍ (m)	قرض
pedir el crédito	ʾaddem ṭalab ʿala qarḍ	قدّم طلب على قرض
obtener un crédito	ḥaṣal ʿala qarḍ	حصل على قرض
conceder un crédito	edda qarḍ	ادّى قرض
garantía (f)	ḍamān (m)	ضمان

98. El teléfono. Las conversaciones telefónicas

teléfono (m)	telefon (m)	تليفون
teléfono (m) móvil	mobile (m)	موبايل
contestador (m)	gehāz radd ʿalal mokalmāt (m)	جهاز ردّ على المكالمات
llamar, telefonear	ettaṣal	إتّصل
llamada (f)	mokalma telefoniya (f)	مكالمة تليفونية
marcar un número	ettaṣal be raqam	إتّصل برقم
¿Sí?, ¿Dígame?	alo!	ألو!
preguntar (vt)	saʾal	سأل
responder (vi, vt)	radd	ردّ
oír (vt)	semeʿ	سمع
bien (adv)	kewayes	كويّس
mal (adv)	meʃ kowayīs	مش كويّس
ruidos (m pl)	taʃwīʃ (m)	تشويش
auricular (m)	sammāʿa (f)	سمّاعة
descolgar (el teléfono)	rafaʿ el sammāʿa	رفع السمّاعة
colgar el auricular	ʾafal el sammāʿa	قفل السمّاعة
ocupado (adj)	maʃɣūl	مشغول
sonar (teléfono)	rann	رنّ
guía (f) de teléfonos	dalīl el telefone (m)	دليل التليفون
local (adj)	maḥalliya	ة محلّيّة
llamada (f) local	mokalma maḥalliya (f)	مكالمة محلّيّة
de larga distancia	biʿīd	بعيد
llamada (f) de larga distancia	mokalma biʿīda (f)	مكالمة بعيدة المدى
internacional (adj)	dowly	دوّلي
llamada (f) internacional	mokalma dowliya (f)	مكالمة دوليّة

99. El teléfono celular

teléfono (m) móvil	mobile (m)	موبايل
pantalla (f)	ʿarḍ (m)	عرض
botón (m)	zerr (m)	زرّ
tarjeta SIM (f)	sim kard (m)	سيم كارد
pila (f)	baṭṭariya (f)	بطّاريّة
descargarse (vr)	χelṣet	خلصت
cargador (m)	ʃāḥen (m)	شاحن
menú (m)	qāʾema (f)	قائمة
preferencias (f pl)	awḍāʿ (pl)	أوضاع
melodía (f)	naɣama (f)	نغمة
seleccionar (vt)	eχtār	إختار
calculadora (f)	ʾāla ḥasba (f)	آلة حاسبة
contestador (m)	barīd ṣawty (m)	بريد صوتي
despertador (m)	monabbeh (m)	منبّه

contactos (m pl)	gehāt el etteṣāl (pl)	جهات الإتّصال
mensaje (m) de texto	resāla 'aṣīra ɛsɛmɛs (f)	رسالة قصيرة sms
abonado (m)	moʃtarek (m)	مشترك

100. Los artículos de escritorio. La papelería

bolígrafo (m)	'alam gāf (m)	قلم جاف
pluma (f) estilográfica	'alam rīʃa (m)	قلم ريشة
lápiz (m)	'alam roṣāṣ (m)	قلم رصاص
marcador (m)	markar (m)	ماركر
rotulador (m)	'alam fulumaster (m)	قلم فلوماستر
bloc (m) de notas	mozakkera (f)	مذكّرة
agenda (f)	gadwal el a'māl (m)	جدول الأعمال
regla (f)	masṭara (f)	مسطرة
calculadora (f)	'āla ḥasba (f)	آلة حاسبة
goma (f) de borrar	astīka (f)	استيكة
chincheta (f)	dabbūs (m)	دبّوس
clip (m)	dabbūs wara' (m)	دبّوس ورق
cola (f), pegamento (m)	ṣamɣ (m)	صمغ
grapadora (f)	dabbāsa (f)	دبّاسة
perforador (m)	χarrāma (m)	خرّامة
sacapuntas (m)	barrāya (f)	برّاية

101. Medios de comunicación de masas

periódico (m)	garīda (f)	جريدة
revista (f)	magalla (f)	مجلّة
prensa (f)	ṣaḥāfa (f)	صحافة
radio (f)	radio (m)	راديو
estación (f) de radio	maḥaṭṭet radio (f)	محطّة راديو
televisión (f)	televizion (m)	تليفزيون
presentador (m)	mo'addem (m)	مقدّم
presentador (m) de noticias	mozee' (m)	مذيع
comentarista (m)	mo'alleq (m)	معلّق
periodista (m)	ṣaḥafy (m)	صحفي
corresponsal (m)	morāsel (m)	مراسل
corresponsal (m) fotográfico	moṣawwer ṣaḥafy (m)	مصوّر صحفي
reportero (m)	ṣaḥafy (m)	صحفي
redactor (m)	moḥarrer (m)	محرّر
redactor jefe (m)	ra'īs taḥrīr (m)	رئيس تحرير
suscribirse (vr)	eʃtarak	إشترك
suscripción (f)	eʃterāk (m)	إشتراك
suscriptor (m)	moʃtarek (m)	مشترك
leer (vi, vt)	'ara	قرأ
lector (m)	qāre' (m)	قارئ
tirada (f)	tadāwol (m)	تداول
mensual (adj)	ʃahry	شهري
semanal (adj)	osbū'y	أسبوعي
número (m)	'adad (m)	عدد
nuevo (~ número)	gedīd	جديد
titular (m)	'enwān (m)	عنوان
noticia (f)	maqāla saɣīra (f)	مقالة قصيرة
columna (f)	'amūd (m)	عمود
artículo (m)	maqāla (f)	مقالة
página (f)	ṣafḥa (f)	صفحة
reportaje (m)	rebortāʒ (m)	ريبورتاج
evento (m)	ḥadass (m)	حدث
sensación (f)	ḍagga (f)	ضجّة
escándalo (m)	feḍīḥa (f)	فضيحة
escandaloso (adj)	fāḍeḥ	فاضح
gran (~ escándalo)	ʃahīr	شهير
emisión (f)	barnāmeg (m)	برنامج
entrevista (f)	leqā' ṣaḥafy (m)	لقاء صحفي

transmisión (f) en vivo	ezā'a mobāʃera (f)	إذاعة مباشرة
canal (m)	qanah (f)	قناة

102. La agricultura

agricultura (f)	zerā'a (f)	زراعة
campesino (m)	fallāḥ (m)	فلاّح
campesina (f)	fallāḥa (f)	فلاّحة
granjero (m)	mozāre' (m)	مزارع
tractor (m)	garrār (m)	جرّار
cosechadora (f)	ḥaṣṣāda (f)	حصّادة
arado (m)	meḥrās (m)	محراث
arar (vi, vt)	ḥaras	حرث
labrado (m)	ḥaql maḥrūθ (m)	حقل محروث
surco (m)	talem (m)	تلم
sembrar (vi, vt)	bezr	بذر
sembradora (f)	bazzara (f)	بذّارة
siembra (f)	zar' (m)	زرع
guadaña (f)	meḥasʃ (m)	محشّ
segar (vi, vt)	ḥasʃ	حشّ
pala (f)	karīk (m)	كريك
layar (vt)	ḥaras	حرث
azada (f)	magrafa (f)	مجرفة
sachar, escardar	est'ṣal nabatāt	إستأصل نباتات
mala hierba (f)	nabāt ṭafayly (m)	نبات طفيّلي
regadera (f)	raʃāʃa (f)	رشّاشة
regar (plantas)	sa'a	سقى
riego (m)	sa'y (m)	سقي
horquilla (f)	mazrāh (f)	مذراة
rastrillo (m)	madamma (f)	مدمّة
fertilizante (m)	semād (m)	سماد
abonar (vt)	sammed	سمّد
estiércol (m)	semād (m)	سماد
campo (m)	ḥaql (m)	حقل
prado (m)	marag (m)	مرج
huerta (f)	bostān χoḍār (m)	بستان خضار
jardín (m)	bostān (m)	بستان
pacer (vt)	ra'a	رعى
pastor (m)	rā'y (m)	راعي
pastadero (m)	mar'a (m)	مرعى
ganadería (f)	tarbeya el mawāʃy (f)	تربية المواشي
cría (f) de ovejas	tarbeya aɣnām (f)	تربية أغنام

plantación (f)	mazraʿa (f)	مزرعة
hilera (f) (~ de cebollas)	ḥoḍe (m)	حوض
invernadero (m)	dafīʾa (f)	دفيئة
sequía (f)	gafāf (m)	جفاف
seco, árido (adj)	gāf	جاف
grano (m)	ḥobūb (pl)	حبوب
cereales (m pl)	maḥaṣīl el ḥubūb (pl)	محاصيل الحبوب
recolectar (vt)	ḥaṣad	حصد
molinero (m)	ṭaḥḥān (m)	طحّان
molino (m)	ṭaḥūna (f)	طاحونة
moler (vt)	ṭaḥn el ḥobūb	طحن الحبوب
harina (f)	deʾīʾ (m)	دقيق
paja (f)	ʾaʃ (m)	قشّ

103. La construcción. El proceso de construcción

obra (f)	arḍ benāʾ (f)	أرض بناء
construir (vt)	bana	بنى
albañil (m)	ʿāmel benāʾ (m)	عامل بناء
proyecto (m)	maʃrūʿ (m)	مشروع
arquitecto (m)	mohandes meʿmāry (m)	مهندس معماري
obrero (m)	ʿāmel (m)	عامل
cimientos (m pl)	asās (m)	أساس
techo (m)	saʾf (m)	سقف
pila (f) de cimentación	kawmet el asās (f)	كومة الأساس
muro (m)	ḥeyṭa (f)	حيطة
armadura (f)	ḥadīd taslīḥ (m)	حديد تسليح
andamio (m)	saʾʾāla (f)	سقّالة
hormigón (m)	χarasāna (f)	خرسانة
granito (m)	granīt (m)	جرانيت
piedra (f)	ḥagar (m)	حجر
ladrillo (m)	ṭūb (m)	طوب
arena (f)	raml (m)	رمل
cemento (m)	asmant (m)	إسمنت
estuco (m)	ṭalāʾ gaṣṣ (m)	طلاء جصّ
estucar (vt)	ṭala bel gaṣṣ	طلى بالجصّ
pintura (f)	dehān (m)	دهان
pintar (las paredes)	dahhen	دهّن
barril (m)	barmīl (m)	برميل
grúa (f)	rāfeʿa (f)	رافعة
levantar (vt)	rafaʿ	رفع
bajar (vt)	nazzel	نزّل
bulldózer (m)	bulldozer (m)	بولدوزر
excavadora (f)	ḥaffāra (f)	حفّارة

cuchara (f)	magrafa (f)	مجرفة
cavar (vt)	ḥafar	حفر
casco (m)	χawza (f)	خوذة

Las profesiones y los oficios

104. La búsqueda de trabajo. El despido

trabajo (m)	ʿamal (m)	عمل
empleados (pl)	kawādir (pl)	كوادر
personal (m)	ṭāqem el ʿāmelīn (m)	طاقم العاملين
carrera (f)	mehna (f)	مهنة
perspectiva (f)	ʾāfāq (pl)	آفاق
maestría (f)	maharāt (pl)	مهارات
selección (f)	eχteyār (m)	إختيار
agencia (f) de empleo	wekālet tawẓīf (f)	وكالة توّظيف
curriculum vitae (m)	sīra zātiya (f)	سيرة ذاتيّة
entrevista (f)	moʾablet ʿamal (f)	مقابلة عمل
vacancia (f)	wazīfa χaleya (f)	وظيفة خالية
salario (m)	morattab (m)	مرتّب
salario (m) fijo	rāteb sābet (m)	راتب ثابت
remuneración (f)	ogra (f)	أجرة
puesto (m) (trabajo)	manṣeb (m)	منصب
deber (m)	wāgeb (m)	واجب
gama (f) de deberes	magmūʿa men el wāgebāt (f)	مجموعة من الواجبات
ocupado (adj)	maʃɣūl	مشغول
despedir (vt)	rafad	رفد
despido (m)	eqāla (m)	إقالة
desempleo (m)	baṭāla (f)	بطالة
desempleado (m)	ʿāṭel (m)	عاطل
jubilación (f)	maʿāʃ (m)	معاش
jubilarse	oḥīl ʿala el maʿāʃ	أحيل على المعاش

105. Los negociantes

director (m)	modīr (m)	مدير
gerente (m)	modīr (m)	مدير
jefe (m)	raʾīs (m)	رئيس
superior (m)	motafawweq (m)	متفوّق
superiores (m pl)	roʾasāʾ (pl)	رؤساء
presidente (m)	raʾīs (m)	رئيس
presidente (m) (de compañía)	raʾīs (m)	رئيس
adjunto (m)	nāʾeb (m)	نائب
asistente (m)	mosāʿed (m)	مساعد

secretario, -a (m, f)	sekerteyr (m)	سكرتير
secretario (m) particular	sekerteyr χāṣ (m)	سكرتير خاص
hombre (m) de negocios	ragol a'māl (m)	رجل أعمال
emprendedor (m)	rā'ed a'māl (m)	رائد أعمال
fundador (m)	mo'asses (m)	مؤسّس
fundar (vt)	asses	أسّس
institutor (m)	mo'asses (m)	مؤسّس
socio (m)	ʃerīk (m)	شريك
accionista (m)	mālek el as-hom (m)	مالك الأسهم
millonario (m)	millyonīr (m)	مليونير
multimillonario (m)	milliardīr (m)	ملياردير
propietario (m)	ṣāḥeb (m)	صاحب
terrateniente (m)	ṣāḥeb el arḍ (m)	صاحب الأرض
cliente (m)	'amīl (m)	عميل
cliente (m) habitual	'amīl dā'em (m)	عميل دائم
comprador (m)	moʃtary (m)	مشتري
visitante (m)	zā'er (m)	زائر
profesional (m)	moḥtaref (m)	محترف
experto (m)	χabīr (m)	خبير
especialista (m)	motaχaṣṣeṣ (m)	متخصّص
banquero (m)	ṣāḥeb maṣraf (m)	صاحب مصرف
broker (m)	semsār (m)	سمسار
cajero (m)	'āmel kaʃier (m)	عامل كاشيير
contable (m)	muḥāseb (m)	محاسب
guardia (m) de seguridad	ḥāres amn (m)	حارس أمن
inversionista (m)	mostasmer (m)	مستثمر
deudor (m)	modīn (m)	مدين
acreedor (m)	dā'en (m)	دائن
prestatario (m)	moqtareḍ (m)	مقترض
importador (m)	mostawred (m)	مستورّد
exportador (m)	moṣadder (m)	مصدّر
productor (m)	el ʃerka el moṣanne'a (f)	الشركة المصنّعة
distribuidor (m)	mowazze' (m)	موزّع
intermediario (m)	wasīṭ (m)	وسيط
asesor (m) (~ fiscal)	mostaʃār (m)	مستشار
representante (m)	mandūb mabi'āt (m)	مندوب مبيعات
agente (m)	wakīl (m)	وكيل
agente (m) de seguros	wakīl el ta'mīn (m)	وكيل التأمين

106. Los trabajos de servicio

cocinero (m)	ṭabbāχ (m)	طبّاخ
jefe (m) de cocina	el ʃeyf (m)	الشيف

panadero (m)	xabbāz (m)	خبّاز
barman (m)	bārman (m)	بارمان
camarero (m)	garsone (m)	جرسون
camarera (f)	garsona (f)	جرسونة
abogado (m)	muḥāmy (m)	محامي
jurista (m)	muḥāmy xabīr qanūny (m)	محامي خبير قانوني
notario (m)	mowassaq (m)	موثّق
electricista (m)	kahrabā'y (m)	كهربائي
fontanero (m)	samkary (m)	سمكري
carpintero (m)	naggār (m)	نجّار
masajista (m)	modallek (m)	مدلّك
masajista (f)	modalleka (f)	مدلّكة
médico (m)	doktore (m)	دكتور
taxista (m)	sawwā' taksi (m)	سوّاق تاكسي
chofer (m)	sawwā' (m)	سوّاق
repartidor (m)	rāgel el delivery (m)	راجل الديلفري
camarera (f)	'āmela tandīf ɣoraf (f)	عاملة تنظيف غرف
guardia (m) de seguridad	ḥāres amn (m)	حارس أمن
azafata (f)	modīfet ṭayarān (f)	مضيفة طيران
profesor (m) (~ de baile, etc.)	modarres madrasa (m)	مدرّس مدرسة
bibliotecario (m)	amīn maktaba (m)	أمين مكتبة
traductor (m)	motargem (m)	مترجم
intérprete (m)	motargem fawwry (m)	مترجم فوّري
guía (m)	morʃed (m)	مرشد
peluquero (m)	ḥallā' (m)	حلّاق
cartero (m)	sā'y el barīd (m)	ساعي البريد
vendedor (m)	bayā' (m)	بيّاع
jardinero (m)	bostāny (m)	بستاني
servidor (m)	xādema (m)	خادمة
criada (f)	xadema (f)	خادمة
mujer (f) de la limpieza	'āmela tandīf (f)	عاملة تنظيف

107. La profesión militar y los rangos

soldado (m) raso	gondy (m)	جنّدي
sargento (m)	raqīb tāny (m)	رقيب تاني
teniente (m)	molāzem tāny (m)	ملازم تاني
capitán (m)	naqīb (m)	نقيب
mayor (m)	rā'ed (m)	رائد
coronel (m)	'aqīd (m)	عقيد
general (m)	ʒenerāl (m)	جنرال
mariscal (m)	marʃāl (m)	مارشال
almirante (m)	amerāl (m)	أميرال
militar (m)	'askary (m)	عسكري
soldado (m)	gondy (m)	جنّدي

oficial (m)	ḍābeṭ (m)	ضابط
comandante (m)	qā'ed (m)	قائد
guardafronteras (m)	ḥaras ḥodūd (m)	حرس حدود
radio-operador (m)	'āmel lāselky (m)	عامل لاسلكي
explorador (m)	rā'ed mostakʃef (m)	رائد مستكشف
zapador (m)	mohandes 'askary (m)	مهندس عسكري
tirador (m)	rāmy (m)	رامي
navegador (m)	mallāḥ (m)	ملّاح

108. Los oficiales. Los sacerdotes

rey (m)	malek (m)	ملك
reina (f)	maleka (f)	ملكة
príncipe (m)	amīr (m)	أمير
princesa (f)	amīra (f)	أميرة
zar (m)	qayṣar (m)	قيصر
zarina (f)	qayṣara (f)	قيصرة
presidente (m)	ra'īs (m)	رئيس
ministro (m)	wazīr (m)	وزير
primer ministro (m)	ra'īs wozarā' (m)	رئيس وزراء
senador (m)	'oḍw magles el ʃoyūχ (m)	عضو مجلس الشيوخ
diplomático (m)	deblomāsy (m)	دبلوماسي
cónsul (m)	qonṣol (m)	قنصل
embajador (m)	safīr (m)	سفير
consejero (m)	mostaʃār (m)	مستشار
funcionario (m)	mowazzaf (m)	موظّف
prefecto (m)	ra'īs edāret el ḥayī (m)	رئيس إدارة الحي
alcalde (m)	ra'īs el baladiya (m)	رئيس البلديّة
juez (m)	qāḍy (m)	قاضي
fiscal (m)	el na'eb el 'ām (m)	النائب العام
misionero (m)	mobasʃer (m)	مبشّر
monje (m)	rāheb (m)	راهب
abad (m)	ra'īs el deyr (m)	رئيس الدير
rabino (m)	ḥaχām (m)	حاخام
visir (m)	wazīr (m)	وزير
sha (m)	ʃāh (m)	شاه
jeque (m)	ʃɛyχ (m)	شيخ

109. Las profesiones agrícolas

apicultor (m)	naḥḥāl (m)	نحّال
pastor (m)	rā'y (m)	راعي
agrónomo (m)	mohandes zerā'y (m)	مهندس زراعي

ganadero (m)	morabby el mawāʃy (m)	مربّي المواشي
veterinario (m)	doktore beṭary (m)	دكتور بيطري
granjero (m)	mozāreʿ (m)	مزارع
vinicultor (m)	ṣāneʿ el χamr (m)	صانع الخمر
zoólogo (m)	χabīr fe ʿelm el ḥayawān (m)	خبير في علم الحيوان
vaquero (m)	rāʿy el baʾar (m)	راعي البقر

110. Las profesiones artísticas

actor (m)	momassel (m)	ممثّل
actriz (f)	momassela (f)	ممثّلة
cantante (m)	moṭreb (m)	مطرب
cantante (f)	moṭreba (f)	مطربة
bailarín (m)	rāqeṣ (m)	راقص
bailarina (f)	raʾāṣa (f)	راقصة
artista (m)	fannān (m)	فنّان
artista (f)	fannāna (f)	فنّانة
músico (m)	ʿāzef (m)	عازف
pianista (m)	ʿāzef biano (m)	عازف بيانو
guitarrista (m)	ʿāzef guitar (m)	عازف جيتار
director (m) de orquesta	qāʾed orkestra (m)	قائد أوركسترا
compositor (m)	molaḥḥen (m)	ملحّن
empresario (m)	modīr ferʾa (m)	مدير فرقة
director (m) de cine	moχreg aflām (m)	مخرج أفلام
productor (m)	monteg (m)	منتج
guionista (m)	kāteb senario (m)	كاتب سيناريو
crítico (m)	nāqed (m)	ناقد
escritor (m)	kāteb (m)	كاتب
poeta (m)	ʃāʿer (m)	شاعر
escultor (m)	naḥḥāt (m)	نحّات
pintor (m)	rassām (m)	رسّام
malabarista (m)	bahlawān (m)	بهلوان
payaso (m)	aragoze (m)	أراجوز
acróbata (m)	bahlawān (m)	بهلوان
ilusionista (m)	sāḥer (m)	ساحر

111. Profesiones diversas

médico (m)	doktore (m)	دكتور
enfermera (f)	momarreḍa (f)	ممرّضة
psiquiatra (m)	doktore nafsāny (m)	دكتور نفساني
dentista (m)	doktore asnān (m)	دكتور أسنان
cirujano (m)	garrāḥ (m)	جرّاح

astronauta (m)	rā'ed faḍā' (m)	رائد فضاء
astrónomo (m)	'ālem falak (m)	عالم فلك
piloto (m)	ṭayār (m)	طيّار
conductor (m) (chófer)	sawwā' (m)	سوّاق
maquinista (m)	sawwā' (m)	سوّاق
mecánico (m)	mikanīky (m)	ميكانيكي
minero (m)	'āmel mangam (m)	عامل منجم
obrero (m)	'āmel (m)	عامل
cerrajero (m)	'affāl (m)	قفّال
carpintero (m)	naggār (m)	نجّار
tornero (m)	χarrāṭ (m)	خرّاط
albañil (m)	'āmel benā' (m)	عامل بناء
soldador (m)	laḥḥām (m)	لحّام
profesor (m) (título)	brofessor (m)	بروفيسور
arquitecto (m)	mohandes me'māry (m)	مهندس معماري
historiador (m)	mo'arreχ (m)	مؤرّخ
científico (m)	'ālem (m)	عالم
físico (m)	fizyā'y (m)	فيزيائي
químico (m)	kemyā'y (m)	كيميائي
arqueólogo (m)	'ālem'āsār (m)	عالم آثار
geólogo (m)	ʒeoloʒy (m)	جيولوجي
investigador (m)	bāḥes (m)	باحث
niñera (f)	dāda (f)	دادة
pedagogo (m)	mo'allem (m)	معلّم
redactor (m)	moḥarrer (m)	محرّر
redactor jefe (m)	ra'īs taḥrīr (m)	رئيس تحرير
corresponsal (m)	morāsel (m)	مراسل
mecanógrafa (f)	kāteba 'ala el 'āla el kāteba (f)	كاتبة على الآلة الكاتبة
diseñador (m)	moṣammem (m)	مصمّم
especialista (m) en ordenadores	motaχaṣṣeṣ bel kombuter (m)	متخصّص بالكمبيوتر
programador (m)	mobarmeg (m)	مبرمج
ingeniero (m)	mohandes (m)	مهندس
marino (m)	baḥḥār (m)	بحّار
marinero (m)	baḥḥār (m)	بحّار
socorrista (m)	monqez (m)	منقذ
bombero (m)	rāgel el maṭāfy (m)	راجل المطافئ
policía (m)	ʃorṭy (m)	شرطي
vigilante (m) nocturno	ḥāres (m)	حارس
detective (m)	moḥaqqeq (m)	محقّق
aduanero (m)	mowazzaf el gamārek (m)	موظّف الجمارك
guardaespaldas (m)	ḥāres ʃaχṣy (m)	حارس شخصي
guardia (m) de prisiones	ḥāres segn (m)	حارس سجن
inspector (m)	mofatteʃ (m)	مفتّش
deportista (m)	reyāḍy (m)	رياضي
entrenador (m)	modarreb (m)	مدرّب

carnicero (m)	gazzār (m)	جزّار
zapatero (m)	eskāfy (m)	إسكافي
comerciante (m)	tāger (m)	تاجر
cargador (m)	ʃayāl (m)	شيّال
diseñador (m) de modas	moṣammem azyā' (m)	مصمّم أزياء
modelo (f)	modeyl (f)	موديل

112. Los trabajos. El estatus social

escolar (m)	talmīz (m)	تلميذ
estudiante (m)	ṭāleb (m)	طالب
filósofo (m)	faylasūf (m)	فيلسوف
economista (m)	eqtiṣādy (m)	إقتصادي
inventor (m)	moχtareʿ (m)	مخترع
desempleado (m)	ʿāṭel (m)	عاطل
jubilado (m)	motaqāʿed (m)	متقاعد
espía (m)	gasūs (m)	جاسوس
prisionero (m)	sagīn (m)	سجين
huelguista (m)	moḍrab (m)	مضرب
burócrata (m)	buroqrāṭy (m)	بيوروقراطي
viajero (m)	raḥḥāla (m)	رحّالة
homosexual (m)	ʃāz (m)	شاذ
hacker (m)	haker (m)	هاكِر
hippie (m)	hippi (m)	هيبي
bandido (m)	qāṭeʿ ṭarī' (m)	قاطع طريق
sicario (m)	qātel ma'gūr (m)	قاتل مأجور
drogadicto (m)	modmen moχaddarāt (m)	مدمن مخدّرات
narcotraficante (m)	tāger moχaddarāt (m)	تاجر مخدّرات
prostituta (f)	mommos (f)	مومّس
chulo (m), proxeneta (m)	qawwād (m)	قوّاد
brujo (m)	sāḥer (m)	ساحر
bruja (f)	sāḥera (f)	ساحرة
pirata (m)	'orṣān (m)	قرصان
esclavo (m)	ʿabd (m)	عبد
samurai (m)	samuray (m)	ساموراي
salvaje (m)	motawaḥḥeʃ (m)	متوحّش

Los deportes

113. Tipos de deportes. Deportistas

deportista (m)	reyāḍy (m)	رياضي
tipo (m) de deporte	nūʿ men el reyāḍa (m)	نوع من الرياضة
baloncesto (m)	koret el salla (f)	كرة السلّة
baloncestista (m)	lāʿeb korat el salla (m)	لاعب كرة السلّة
béisbol (m)	baseball (m)	بيسبول
beisbolista (m)	lāʿeb basebāl (m)	لاعب بيسبول
fútbol (m)	koret el qadam (f)	كرة القدم
futbolista (m)	lāʿeb korat qadam (m)	لاعب كرة القدم
portero (m)	ḥāres el marma (m)	حارس المرمى
hockey (m)	hoky (m)	هوكي
jugador (m) de hockey	lāʿeb hoky (m)	لاعب هوكي
voleibol (m)	voliball (m)	فولي بول
voleibolista (m)	lāʿeb volly bal (m)	لاعب فولي بول
boxeo (m)	molakma (f)	ملاكمة
boxeador (m)	molākem (m)	ملاكم
lucha (f)	moṣarʿa (f)	مصارعة
luchador (m)	moṣāreʿ (m)	مصارع
kárate (m)	karate (m)	كاراتيه
karateka (m)	lāʿeb karateyh (m)	لاعب كاراتيه
judo (m)	ʒudo (m)	جودو
judoka (m)	lāʿeb ʒudo (m)	لاعب جودو
tenis (m)	tennis (m)	تنس
tenista (m)	lāʿeb tennis (m)	لاعب تنس
natación (f)	sebāḥa (f)	سباحة
nadador (m)	sabbāḥ (m)	سبّاح
esgrima (f)	mobarza (f)	مبارزة
esgrimidor (m)	mobārez (m)	مبارز
ajedrez (m)	ʃaṭarang (m)	شطرنج
ajedrecista (m)	lāʿeb ʃaṭarang (m)	لاعب شطرنج
alpinismo (m)	tasalloq el gebāl (m)	تسلّق الجبال
alpinista (m)	motasalleq el gebāl (m)	متسلّق الجبال
carrera (f)	garyī (m)	جري

corredor (m)	'addā' (m)	عدّاء
atletismo (m)	al'āb el qowa (pl)	ألعاب القوى
atleta (m)	lā'eb reyāḍy (m)	لاعب رياضي
deporte (m) hípico	reyāḍa el forūsiya (f)	رياضة الفروسيّة
jinete (m)	fāres (m)	فارس
patinaje (m) artístico	tazallog fanny 'alal galīd (m)	تزلّج فنّي على الجليد
patinador (m)	motazalleg rāqeṣ (m)	متزلّج راقص
patinadora (f)	motazallega rāqeṣa (f)	متزلّجة راقصة
levantamiento (m) de pesas	raf' el asqāl (m)	رفع الأثقال
levantador (m) de pesas	rāfe' el asqāl (m)	رافع الأثقال
carreras (f pl) de coches	sebā' el sayarāt (m)	سباق السيارات
piloto (m) de carreras	sawwā' sebā' (m)	سائق سباق
ciclismo (m)	rokūb el darragāt (m)	ركوب الدرّاجات
ciclista (m)	lā'eb el darrāga (m)	لاعب الدرّاجة
salto (m) de longitud	el qafz el 'āly (m)	القفز العالي
salto (m) con pértiga	el qafz bel 'aṣa (m)	القفز بالعصا
saltador (m)	qāfez (m)	قافز

114. Tipos de deportes. Miscelánea

fútbol (m) americano	koret el qadam (f)	كرة القدم
bádminton (m)	el rīʃa (m)	الريشة
biatlón (m)	el biatlon (m)	البياتلون
billar (m)	bilyardo (m)	بلياردو
bobsleigh (m)	zalāga gama'iya (f)	زلاجة جماعية
culturismo (m)	body building (m)	بادي بيلدنج
waterpolo (m)	koret el maya (f)	كرة الميّة
balonmano (m)	koret el yad (f)	كرة اليد
golf (m)	golf (m)	جولف
remo (m)	tagdīf (m)	تجديف
buceo (m)	ɣoṣe (m)	غوص
esquí (m) de fondo	reyāḍa el ski (f)	رياضة الإسكي
tenis (m) de mesa	koret el ṭawla (f)	كرة الطاولة
vela (f)	reyāḍa ebḥār el marākeb (f)	رياضة إبحار المراكب
rally (m)	sebā' el sayarāt (m)	سباق السيارات
rugby (m)	rugby (m)	رجبي
snowboarding (m)	el tazallog 'lal galīd (m)	التزلّج على الجليد
tiro (m) con arco	remāya (f)	رماية

115. El gimnasio

barra (f) de pesas	bār ḥadīd (m)	بار حديد
pesas (f pl)	dumbbells (m)	دمبلز

aparato (m) de ejercicios	gehāz tadrīb (m)	جهاز تدريب
bicicleta (f) estática	ʿagalet tadrīb (f)	عجلة تدريب
cinta (f) de correr	trīdmil (f)	تريد ميل
barra (f) fija	ʿoʾla (f)	عقلة
barras (f pl) paralelas	el motawaziyīn (pl)	المتوازيين
potro (m)	manaṣṣet el qafz (f)	منصّة القفز
colchoneta (f)	ḥaṣīra (f)	حصيرة
comba (f)	ḥabl el naṭṭ (m)	حبل النطّ
aeróbica (f)	aerobiks (m)	ايروبيكس
yoga (m)	yoga (f)	يوجا

116. Los deportes. Miscelánea

Juegos (m pl) Olímpicos	alʿāb olombiya (pl)	ألعاب أولمبيّة
vencedor (m)	fāʾez (m)	فائز
vencer (vi)	fāz	فاز
ganar (vi)	fāz	فاز
líder (m)	zaʿīm (m)	زعيم
liderar (vt)	taʾaddam	تقدّم
primer puesto (m)	el martaba el ūla (f)	المرتبة الأولى
segundo puesto (m)	el martaba el tanya (f)	المرتبة الثانية
tercer puesto (m)	el martaba el talta (f)	المرتبة الثالثة
medalla (f)	medalya (f)	ميدالية
trofeo (m)	kaʾs (f)	كأس
copa (f) (trofeo)	kaʾs (f)	كأس
premio (m)	gayza (f)	جائزة
premio (m) principal	akbar gayza (f)	أكبر جائزة
record (m)	raqam qeyāsy (m)	رقم قياسي
establecer un record	fāz be raqam qeyāsy	فاز برقم قياسي
final (m)	mobarāh nehaʾiya (f)	مباراة نهائيّة
de final (adj)	nehāʾy	نهائي
campeón (m)	baṭal (m)	بطل
campeonato (m)	boṭūla (f)	بطولة
estadio (m)	malʿab (m)	ملعب
gradería (f)	modarrag (m)	مدرّج
hincha (m)	moʃaggeʿ (m)	مشجّع
adversario (m)	ʿadeww (m)	عدوّ
arrancadero (m)	χaṭṭ el bedāya (m)	خطّ البداية
línea (f) de meta	χaṭṭ el nehāya (m)	خطّ النهاية
derrota (f)	hazīma (f)	هزيمة
perder (vi)	χeser	خسر
árbitro (m)	ḥakam (m)	حكم
jurado (m)	hayʾet el ḥokm (f)	هيئة الحكم

cuenta (f)	natīga (f)	نتيجة
empate (m)	ta'ādol (m)	تعادل
empatar (vi)	ta'ādal	تعادل
punto (m)	no'ṭa (f)	نقطة
resultado (m)	natīga neha'iya (f)	نتيجة نهائية
tiempo (m)	ʃoṭe (m)	شوط
descanso (m)	beyn el ʃoṭeyn	بين الشوطين
droga (f), doping (m)	monasʃeṭāt (pl)	منشّطات
penalizar (vt)	'āqab	عاقب
descalificar (vt)	ḥaram	حرم
aparato (m)	adah (f)	أداة
jabalina (f)	remḥ (m)	رمح
peso (m) (lanzamiento de ~)	kora ma'daniya (f)	كرة معدنية
bola (f) (billar, etc.)	kora (f)	كرة
objetivo (m)	hadaf (m)	هدف
blanco (m)	hadaf (m)	هدف
tirar (vi)	ḍarab bel nār	ضرب بالنار
preciso (~ disparo)	maḍbūṭ	مضبوط
entrenador (m)	modarreb (m)	مدرّب
entrenar (vt)	darrab	درّب
entrenarse (vr)	etdarrab	إتدرّب
entrenamiento (m)	tadrīb (m)	تدريب
gimnasio (m)	gīm (m)	جيم
ejercicio (m)	tamrīn (m)	تمرين
calentamiento (m)	tasχīn (m)	تسخين

La educación

117. La escuela

escuela (f)	madrasa (f)	مدرسة
director (m) de escuela	modīr el madrasa (m)	مدير المدرسة
alumno (m)	talmīz (m)	تلميذ
alumna (f)	telmīza (f)	تلميذة
escolar (m)	talmīz (m)	تلميذ
escolar (f)	telmīza (f)	تلميذة
enseñar (vt)	ʿallem	علّم
aprender (ingles, etc.)	taʿallam	تعلّم
aprender de memoria	ḥafaẓ	حفظ
aprender (a leer, etc.)	taʿallam	تعلّم
estar en la escuela	daras	درس
ir a la escuela	rāḥ el madrasa	راح المدرسة
alfabeto (m)	abgadiya (f)	أبجدية
materia (f)	madda (f)	مادّة
aula (f)	faṣl (m)	فصل
lección (f)	dars (m)	درس
recreo (m)	estrāḥa (f)	إستراحة
campana (f)	garas el madrasa (m)	جرس المدرسة
pupitre (m)	disk el madrasa (m)	ديسك المدرسة
pizarra (f)	sabbūra (f)	سبّورة
nota (f)	daraga (f)	درجة
buena nota (f)	daraga kewayesa (f)	درجة كويسة
mala nota (f)	daraga meʃ kewayesa (f)	درجة مش كويسة
poner una nota	edda daraga	إدّى درجة
falta (f)	χaṭaʾ (m)	خطأ
hacer faltas	aχṭaʾ	أخطأ
corregir (un error)	ṣaḥḥaḥ	صحّح
chuleta (f)	berʃām (m)	برشام
deberes (m pl) de casa	wāgeb (m)	واجب
ejercicio (m)	tamrīn (m)	تمرين
estar presente	ḥaḍar	حضر
estar ausente	ɣāb	غاب
faltar a las clases	taɣeyyab ʿan el madrasa	تغيّب عن المدرسة
castigar (vt)	ʿāqab	عاقب
castigo (m)	ʿeqāb (m)	عقاب
conducta (f)	solūk (m)	سلوك

libreta (f) de notas	el taqrīr el madrasy (m)	التقرير المدرسي
lápiz (m)	'alam roṣāṣ (m)	قلم رصاص
goma (f) de borrar	astīka (f)	استيكة
tiza (f)	ṭabaʃīr (m)	طباشير
cartuchera (f)	ma'lama (f)	مقلمة
mochila (f)	ʃanṭet el madrasa (f)	شنطة المدرسة
bolígrafo (m)	'alam (m)	قلم
cuaderno (m)	daftar (m)	دفتر
manual (m)	ketāb ta'līm (m)	كتاب تعليم
compás (m)	bargal (m)	برجل
trazar (vi, vt)	rasam rasm teqany	رسم رسم تقني
dibujo (m) técnico	rasm teqany (m)	رسم تقني
poema (m), poesía (f)	'aṣīda (f)	قصيدة
de memoria (adv)	'an ẓahr qalb	عن ظهر قلب
aprender de memoria	ḥafaẓ	حفظ
vacaciones (f pl)	agāza (f)	أجازة
estar de vacaciones	'ando agāza	عنده أجازة
pasar las vacaciones	'aḍa el agāza	قضى الأجازة
prueba (f) escrita	emteḥān (m)	إمتحان
composición (f)	enʃā' (m)	إنشاء
dictado (m)	emlā' (m)	إملاء
examen (m)	emteḥān (m)	إمتحان
hacer un examen	'amal emteḥān	عمل إمتحان
experimento (m)	tagreba (f)	تجربة

118. Los institutos. La Universidad

academia (f)	akademiya (f)	أكاديميّة
universidad (f)	gam'a (f)	جامعة
facultad (f)	kolliya (f)	كلّيّة
estudiante (m)	ṭāleb (m)	طالب
estudiante (f)	ṭāleba (f)	طالبة
profesor (m)	muḥāḍer (m)	محاضر
aula (f)	modarrag (m)	مدرّج
graduado (m)	motaχarreg (m)	متخرّج
diploma (m)	dibloma (f)	دبلومة
tesis (f) de grado	resāla 'elmiya (f)	رسالة علميّة
estudio (m)	derāsa (f)	دراسة
laboratorio (m)	moχtabar (m)	مختبر
clase (f)	moḥaḍra (f)	محاضرة
compañero (m) de curso	zamīl fel ṣaff (m)	زميل في الصفّ
beca (f)	menḥa derāsiya (f)	منحة دراسيّة
grado (m) académico	daraga 'elmiya (f)	درجة علميّة

119. Las ciencias. Las disciplinas

matemáticas (f pl)	reyāḍīāt (pl)	رياضيّات
álgebra (f)	el gabr (m)	الجبر
geometría (f)	handasa (f)	هندسة
astronomía (f)	ʿelm el falak (m)	علم الفلك
biología (f)	al aḥya' (m)	الأحياء
geografía (f)	goɣrafia (f)	جغرافيا
geología (f)	ʒeoloʒia (f)	جيولوجيا
historia (f)	tarīχ (m)	تاريخ
medicina (f)	ṭebb (m)	طبّ
pedagogía (f)	tarbeya (f)	تربية
derecho (m)	qanūn (m)	قانون
física (f)	fezya' (f)	فيزياء
química (f)	kemya' (f)	كيمياء
filosofía (f)	falsafa (f)	فلسفة
psicología (f)	ʿelm el nafs (m)	علم النفس

120. Los sistemas de escritura. La ortografía

gramática (f)	el naḥw wel ṣarf (m)	النحو والصرف
vocabulario (m)	mofradāt el loɣa (pl)	مفردات اللغة
fonética (f)	ṣawtīāt (pl)	صوتيات
sustantivo (m)	esm (m)	اسم
adjetivo (m)	ṣefa (f)	صفة
verbo (m)	feʿl (m)	فعل
adverbio (m)	ẓarf (m)	ظرف
pronombre (m)	ḍamīr (m)	ضمير
interjección (f)	oslūb el taʿaggob (m)	أسلوب التعجّب
preposición (f)	ḥarf el garr (m)	حرف الجرّ
raíz (f), radical (m)	gezr el kelma (m)	جذر الكلمة
desinencia (f)	nehāya (f)	نهاية
prefijo (m)	sabaeqa (f)	سابقة
sílaba (f)	maqṭaʿ lafzy (m)	مقطع لفظي
sufijo (m)	lāḥeqa (f)	لاحقة
acento (m)	nabra (f)	نبرة
apóstrofo (m)	ʿalāmet ḥazf (f)	علامة حذف
punto (m)	no'ṭa (f)	نقطة
coma (m)	faṣla (f)	فاصلة
punto y coma	no'ṭa w faṣla (f)	نقطة وفاصلة
dos puntos (m pl)	no'ṭeteyn (pl)	نقطتين
puntos (m pl) suspensivos	talat no'aṭ (pl)	ثلاث نقط
signo (m) de interrogación	ʿalāmet estefhām (f)	علامة إستفهام
signo (m) de admiración	ʾalāmet taʿaggob (f)	علامة تعجّب

comillas (f pl)	ʻalamāt el eqtebās (pl)	علامات الإقتباس
entre comillas	beyn ʻalamaty el eqtebās	بين علامتي الاقتباس
paréntesis (m)	qoseyn (du)	قوسين
entre paréntesis	beyn el qoseyn	بين القوسين
guión (m)	ʻalāmet waṣl (f)	علامة وصل
raya (f)	ʃorṭa (f)	شرطة
blanco (m)	farāɣ (m)	فراغ
letra (f)	ḥarf (m)	حرف
letra (f) mayúscula	ḥarf kebīr (m)	حرف كبير
vocal (f)	ḥarf ṣauty (m)	حرف صوتي
consonante (m)	ḥarf sāken (m)	حرف ساكن
oración (f)	gomla (f)	جملة
sujeto (m)	fāʻel (m)	فاعل
predicado (m)	mosnad (m)	مسند
línea (f)	saṭr (m)	سطر
en una nueva línea	men bedāyet el saṭr	من بداية السطر
párrafo (m)	faqra (f)	فقرة
palabra (f)	kelma (f)	كلمة
combinación (f) de palabras	magmūʻa men el kelamāt (pl)	مجموعة من الكلمات
expresión (f)	moṣṭalaḥ (m)	مصطلح
sinónimo (m)	morādef (m)	مرادف
antónimo (m)	motaḍād loɣawy (m)	متضاد لغوي
regla (f)	qaʻeda (f)	قاعدة
excepción (f)	estesnāʼ (m)	إستثناء
correcto (adj)	ṣaḥīḥ	صحيح
conjugación (f)	ṣarf (m)	صرف
declinación (f)	taṣrīf el asmāʼ (m)	تصريف الأسماء
caso (m)	ḥāla esmiya (f)	حالة أسمية
pregunta (f)	soʼāl (m)	سؤال
subrayar (vt)	ḥaṭṭ χaṭṭ taḥt	حطّ خطّ تحت
línea (f) de puntos	χaṭṭ menaʼʼaṭ (m)	خطّ منقّط

121. Los idiomas extranjeros

lengua (f)	loɣa (f)	لغة
extranjero (adj)	agnaby	أجنبيّ
lengua (f) extranjera	loɣa agnabiya (f)	لغة أجنبية
estudiar (vt)	daras	درس
aprender (ingles, etc.)	taʻallam	تعلّم
leer (vi, vt)	ʼara	قرأ
hablar (vi, vt)	kallem	كلّم
comprender (vt)	fehem	فهم
escribir (vt)	katab	كتب
rápidamente (adv)	bosorʻa	بسرعة
lentamente (adv)	bo boṭʼ	ببطء

con fluidez (adv)	beṭalāqa	بطلاقة
reglas (f pl)	qawā'ed (pl)	قواعد
gramática (f)	el naḥw wel ṣarf (m)	النحو والصرف
vocabulario (m)	mofradāt el loɣa (pl)	مفردات اللغة
fonética (f)	ṣawtīāt (pl)	صوتيات
manual (m)	ketāb ta'līm (m)	كتاب تعليم
diccionario (m)	qamūs (m)	قاموس
manual (m) autodidáctico	ketāb ta'līm zāty (m)	كتاب تعليم ذاتي
guía (f) de conversación	ketāb lel 'ebarāt el ʃā'e'a (m)	كتاب للعبارت الشائعة
casete (m)	kasett (m)	كاسيت
videocasete (f)	ʃerīṭ video (m)	شريط فيديو
disco compacto, CD (m)	sidī (m)	سي دي
DVD (m)	dividī (m)	دي في دي
alfabeto (m)	abgadiya (f)	أبجدية
deletrear (vt)	tahagga	تهجّى
pronunciación (f)	noṭ' (m)	نطق
acento (m)	lahga (f)	لهجة
con acento	be lahga	بـ لهجة
sin acento	men ɣeyr lahga	من غير لهجة
palabra (f)	kelma (f)	كلمة
significado (m)	ma'na (m)	معنى
cursos (m pl)	dawra (f)	دورة
inscribirse (vr)	saggel esmo	سجّل إسمه
profesor (m) (~ de inglés)	modarres (m)	مدرّس
traducción (f) (proceso)	targama (f)	ترجمة
traducción (f) (texto)	targama (f)	ترجمة
traductor (m)	motargem (m)	مترجم
intérprete (m)	motargem fawwry (m)	مترجم فوّري
políglota (m)	'alīm be'eddet loɣāt (m)	عليم بعدّة لغات
memoria (f)	zākera (f)	ذاكرة

122. Los personajes de los cuentos de hadas

Papá Noel (m)	baba neweyl (m)	بابا نويل
Cenicienta (f)	sindrīla	سيندريلا
sirena (f)	'arūset el baḥr (f)	عروسة البحر
Neptuno (m)	nibtūn (m)	نبتون
mago (m)	sāḥer (m)	ساحر
maga (f)	genniya (f)	جنّيّة
mágico (adj)	seḥry	سحري
varita (f) mágica	el 'aṣāya el seḥriya (f)	العصاية السحرية
cuento (m) de hadas	ḥekāya xayaliya (f)	حكاية خيالية
milagro (m)	mo'geza (f)	معجزة
enano (m)	qazam (m)	قزم

transformarse en ...	taḥawwal ela ...	تحوّل إلى...
espíritu (m) (fantasma)	ʃabaḥ (m)	شبح
fantasma (m)	ʃabaḥ (m)	شبح
monstruo (m)	waḥʃ (m)	وحش
dragón (m)	tennīn (m)	تنّين
gigante (m)	ʻemlāq (m)	عملاق

123. Los signos de zodiaco

Aries (m)	borg el ḥaml (m)	برج الحمل
Tauro (m)	borg el sore (m)	برج الثور
Géminis (m pl)	borg el gawzāʼ (m)	برج الجوزاء
Cáncer (m)	borg el saraṭān (m)	برج السرطان
Leo (m)	borg el asad (m)	برج الأسد
Virgo (m)	borg el ʻazrāʼ (m)	برج العذراء
Libra (f)	borg el mezān (m)	برج الميزان
Escorpio (m)	borg el ʻaʼrab (m)	برج العقرب
Sagitario (m)	borg el qose (m)	برج القوس
Capricornio (m)	borg el gady (m)	برج الجدي
Acuario (m)	borg el dalw (m)	برج الدلو
Piscis (m pl)	borg el ḥūt (m)	برج الحوت
carácter (m)	ʃaχṣiya (f)	شخصية
rasgos (m pl) de carácter	el ṣefāt el ʃaχṣiya (pl)	الصفات الشخصية
conducta (f)	solūk (m)	سلوك
decir la buenaventura	ʼara el ṭāleʻ	قرأ الطالع
adivinadora (f)	ʻarrāfa (f)	عرّافة
horóscopo (m)	tawaqqoʻāt el abrāg (pl)	توقّعات الأبراج

El arte

124. El teatro

teatro (m)	masraḥ (m)	مسرح
ópera (f)	obra (f)	أوبرا
opereta (f)	obrette (f)	أوبريت
ballet (m)	baleyh (m)	باليه
cartelera (f)	molṣaq (m)	ملصق
compañía (f) de teatro	ferʾa (f)	فرقة
gira (f) artística	gawlet fananīn (f)	جولة فنّانين
hacer una gira artística	tagawwal	تجوّل
ensayar (vi, vt)	ʿamal brova	عمل بروفة
ensayo (m)	brova (f)	بروفة
repertorio (m)	barnāmeg el masraḥ (m)	برنامج المسرح
representación (f)	adāʾ (m)	أداء
espectáculo (m)	ʿarḍ masraḥy (m)	عرض مسرحي
pieza (f) de teatro	masraḥiya (f)	مسرحيّة
billet (m)	tazkara (f)	تذكرة
taquilla (f)	ʃebbāk el tazāker (m)	شبّاك التذاكر
vestíbulo (m)	ṣāla (f)	صالة
guardarropa (f)	ɣorfet īdāʿ el maʿāṭef (f)	غرفة إيداع المعاطف
ficha (f) de guardarropa	beṭāʾet edāʿ el maʿaṭef (f)	بطاقة إيداع المعاطف
gemelos (m pl)	naḍḍāra moʿaẓẓema lel obera (f)	نظارة معظمة للأوبرا
acomodador (m)	ḥāgeb el sinema (m)	حاجب السينما
patio (m) de butacas	karāsy el orkestra (pl)	كراسي الأوركسترا
balconcillo (m)	balakona (f)	بلكونة
entresuelo (m)	ʃorfa (f)	شرفة
palco (m)	log (m)	لوج
fila (f)	ṣaff (m)	صفّ
asiento (m)	meqʿad (m)	مقعد
público (m)	gomhūr (m)	جمهور
espectador (m)	moʃāhed (m)	مشاهد
aplaudir (vi, vt)	ṣaffaʾ	صفّق
aplausos (m pl)	taṣfīʾ (m)	تصفيق
ovación (f)	taṣfīʾ ḥār (m)	تصفيق حار
escenario (m)	χaʃabet el masraḥ (f)	خشبة المسرح
telón (m)	setāra (f)	ستارة
decoración (f)	dekor (m)	ديكور
bastidores (m pl)	kawalīs (pl)	كواليس
escena (f)	maʃ-had (m)	مشهد
acto (m)	faṣl (m)	فصل
entreacto (m)	estrāḥa (f)	استراحة

125. El cine

actor (m)	momassel (m)	ممثّل
actriz (f)	momassela (f)	ممثّلة
cine (m) (industria)	el aflām (m)	الأفلام
película (f)	film (m)	فيلم
episodio (m)	goz' (m)	جزء
película (f) policíaca	film bolīsy (m)	فيلم بوليسي
película (f) de acción	film akʃen (m)	فيلم أكشن
película (f) de aventura	film moɣamarāt (m)	فيلم مغامرات
película (f) de ciencia ficción	film χayāl 'elmy (m)	فيلم خيال علمي
película (f) de horror	film ro'b (m)	فيلم رعب
película (f) cómica	film komedia (f)	فيلم كوميديا
melodrama (m)	melodrama (m)	ميلودراما
drama (m)	drama (f)	دراما
película (f) de ficción	film χayāly (m)	فيلم خيالي
documental (m)	film wasā'eqy (m)	فيلم وثائقي
dibujos (m pl) animados	kartōn (m)	كرتون
cine (m) mudo	sinema ṣāmeta (f)	سينما صامتة
papel (m)	dore (m)	دور
papel (m) principal	dore ra'īsy (m)	دور رئيسي
interpretar (vt)	massel	مثّل
estrella (f) de cine	negm senamā'y (m)	نجم سينمائي
conocido (adj)	ma'rūf	معروف
famoso (adj)	maʃ-hūr	مشهور
popular (adj)	maḥbūb	محبوب
guión (m) de cine	senario (m)	سيناريو
guionista (m)	kāteb senario (m)	كاتب سيناريو
director (m) de cine	moχreg (m)	مخرج
productor (m)	monteg (m)	منتج
asistente (m)	mosā'ed (m)	مساعد
operador (m) de cámara	moṣawwer (m)	مصوّر
doble (m) de riesgo	mo'addy maʃāhed χaṭīra (m)	مؤدي مشاهد خطيرة
doble (m)	momassel badīl (m)	ممثّل بديل
filmar una película	ṣawwar film	صوّر فيلم
audición (f)	tagreba adā' (f)	تجربة أداء
rodaje (m)	taṣwīr (m)	تصوير
equipo (m) de rodaje	ṭāqem el film (m)	طاقم الفيلم
plató (m) de rodaje	mante'et taṣwīr (f)	منطقة التصوير
cámara (f)	kamera (f)	كاميرا
cine (m) (iremos al ~)	sinema (f)	سينما
pantalla (f)	ʃāʃa (f)	شاشة
mostrar la película	'araḍ film	عرض فيلم
pista (f) sonora	mosīqa taṣweriya (f)	موسيقي تصويرية
efectos (m pl) especiales	mo'asserāt χāṣa (pl)	مؤثّرات خاصّة

subtítulos (m pl)	targamet el ḥewār (f)	ترجمة الحوار
créditos (m pl)	ʃāret el nehāya (f)	شارة النهاية
traducción (f)	targama (f)	ترجمة

126. La pintura

arte (m)	fann (m)	فنّ
bellas artes (f pl)	fonūn gamīla (pl)	فنون جميلة
galería (f) de arte	maʿraḍ fonūn (m)	معرض فنون
exposición (f) de arte	maʿraḍ fanny (m)	معرض فنّي
pintura (f) (tipo de arte)	lawḥa (f)	لوحة
gráfica (f)	fann taṣwīry (m)	فن تصويري
abstraccionismo (m)	fann tagrīdy (m)	فنّ تجريدي
impresionismo (m)	el enṭebāʿiya (f)	الإنطباعيّة
pintura (f) (cuadro)	lawḥa (f)	لوحة
dibujo (m)	rasm (m)	رسم
pancarta (f)	boster (m)	بوستر
ilustración (f)	rasm tawḍīḥy (m)	رسم توضيحي
miniatura (f)	ṣūra moṣagɣara (f)	صورة مصغّرة
copia (f)	nosχa (f)	نسخة
reproducción (f)	nosχa ṭebʾ el aṣl (f)	نسخة طبق الأصل
mosaico (m)	fosayfesāʾ (f)	فسيفساء
vitral (m)	ʃebbāk ʾezāz mlawwen (m)	شبّاك قزاز ملوّن
fresco (m)	taṣwīr gaṣṣy (m)	تصوير جصي
grabado (m)	naʾʃ (m)	نقش
busto (m)	temsāl neṣfy (m)	تمثال نصفي
escultura (f)	naḥt (m)	نحت
estatua (f)	temsāl (m)	تمثال
yeso (m)	gibss (m)	جيبس
en yeso (adj)	men el gebs	من الجيبس
retrato (m)	bortreyh (m)	بورتريه
autorretrato (m)	bortreyh ʃaχṣy (m)	بورتريه شخصي
paisaje (m)	lawḥet manzar ṭabeeʿy (f)	لوحة منظر طبيعي
naturaleza (f) muerta	ṭabeeʿa ṣāmeta (f)	طبيعة صامتة
caricatura (f)	ṣūra karikatoriya (f)	صورة كاريكاتورية
boceto (m)	rasm tamhīdy (m)	رسم تمهيدي
pintura (f) (material)	lone (m)	لون
acuarela (f)	alwān maya (m)	ألوان ميّة
óleo (m)	zeyt (m)	زيت
lápiz (m)	ʾalam roṣāṣ (m)	قلم رصاص
tinta (f) china	ḥebr hendy (m)	حبر هندي
carboncillo (m)	faḥm (m)	فحم
dibujar (vi, vt)	rasam	رسم
pintar (vi, vt)	rasam	رسم
posar (vi)	ʾaʿad	قعد
modelo (m)	modeyl ḥayī amām el rassām (m)	موديل حيّ أمام الرسّام

modelo (f)	modeyl ḥayī amām el rassām (m)	موديل حيّ أمام الرسّام
pintor (m)	rassām (m)	رسّام
obra (f) de arte	ʿamal fanny (m)	عمل فنّي
obra (f) maestra	toḥfa faniya (f)	تحفة فنية
estudio (m) (de un artista)	warʃa (f)	ورشة
lienzo (m)	kanava (f)	كانفا
caballete (m)	masnad el loḥe (m)	مسند اللوح
paleta (f)	lawḥet el alwān (f)	لوحة الألوان
marco (m)	eṭār (m)	إطار
restauración (f)	tarmīm (m)	ترميم
restaurar (vt)	rammem	رمّم

127. La literatura y la poesía

literatura (f)	adab (m)	أدب
autor (m) (escritor)	moʾallef (m)	مؤلّف
seudónimo (m)	esm mostaʿār (m)	اسم مستعار
libro (m)	ketāb (m)	كتاب
tomo (m)	mogallad (m)	مجلّد
tabla (f) de contenidos	gadwal el moḥtawayāt (m)	جدوّل المحتويات
página (f)	ṣafḥa (f)	صفحة
héroe (m) principal	el ʃaxṣiya el raʾesiya (f)	الشخصية الرئيسية
autógrafo (m)	tawqeeʿ el moʾallef (m)	توقيع المؤلّف
relato (m) corto	qeṣṣa ʾaṣīra (f)	قصّة قصيرة
cuento (m)	ʾoṣṣa (f)	قصّة
novela (f)	rewāya (f)	رواية
obra (f) literaria	moʾallef (m)	مؤلّف
fábula (f)	ḥekāya (f)	حكاية
novela (f) policíaca	rewāya bolesiya (f)	رواية بوليسية
verso (m)	ʾaṣīda (f)	قصيدة
poesía (f)	ʃeʿr (m)	شعر
poema (m)	ʾaṣīda (f)	قصيدة
poeta (m)	ʃāʿer (m)	شاعر
bellas letras (f pl)	xayāl (m)	خيال
ciencia ficción (f)	xayāl ʿelmy (m)	خيال علمي
aventuras (f pl)	adab el moxamrāt (m)	أدب المغامرات
literatura (f) didáctica	adab tarbawy (m)	أدب تربوّي
literatura (f) infantil	adab el aṭfāl (m)	أدب الأطفال

128. El circo

circo (m)	serk (m)	سيرك
circo (m) ambulante	serk motanaʾʾel (m)	سيرك متنقّل
programa (m)	barnāmeg (m)	برنامج
representación (f)	adāʾ (m)	أداء

número (m)	ʿarḍ (m)	عرض
arena (f)	ḥalabet el serk (f)	حلبة السيرك
pantomima (f)	momassel īmāʾy (m)	ممثّل إيمائي
payaso (m)	aragoze (m)	أراجوز
acróbata (m)	bahlawān (m)	بهلوان
acrobacia (f)	alʿab bahlawaniya (f)	ألعاب بهلوانية
gimnasta (m)	lāʿeb gombāz (m)	لاعب جمباز
gimnasia (f) acrobática	gombāz (m)	جمباز
salto (m)	ḥarakāt ʃaʾlaba (pl)	حركات شقلبة
forzudo (m)	el ragl el qawy (m)	الرجل القوي
domador (m)	morawweḍ (m)	مروّض
caballista (m)	fāres (m)	فارس
asistente (m)	mosāʿed (m)	مساعد
truco (m)	ḥeyla (f)	حيلة
truco (m) de magia	χedʿa seḥriya (f)	خدعة سحرية
ilusionista (m)	sāḥer (m)	ساحر
malabarista (m)	bahlawān (m)	بهلوان
malabarear (vt)	leʿeb be korāt ʿadīda	لعب بكرات عديدة
amaestrador (m)	modarreb ḥayawanāt (m)	مدرّب حيوانات
amaestramiento (m)	tadrīb el ḥayawanāt (m)	تدريب الحيوانات
amaestrar (vt)	darrab	درّب

129. La música. La música popular

música (f)	mosīqa (f)	موسيقى
músico (m)	ʿāzef (m)	عازف
instrumento (m) musical	ʾāla moseqiya (f)	آلة موسيقيّة
tocar ...	ʿazaf ...	عزف...
guitarra (f)	guitar (m)	جيتار
violín (m)	kamān (m)	كمان
violonchelo (m)	el tʃello (m)	التشيلو
contrabajo (m)	kamān kebīr (m)	كمان كبير
arpa (f)	qesār (m)	قيثار
piano (m)	biano (m)	بيانو
piano (m) de cola	biano kebīr (m)	بيانو كبير
órgano (m)	arɣan (m)	أرغن
instrumentos (m pl) de viento	ʾālāt el nafχ (pl)	آلات النفخ
oboe (m)	mezmār (m)	مزمار
saxofón (m)	saksofon (m)	ساكسوفون
clarinete (m)	klarinet (m)	كلارنيت
flauta (f)	flute (m)	فلوت
trompeta (f)	būʾ (m)	بوق
acordeón (m)	okordiōn (m)	أكورديون
tambor (m)	ṭabla (f)	طبلة
dúo (m)	sonāʾy (m)	ثنائي

trío (m)	solāsy (m)	ثلاثي
cuarteto (m)	robāʿy (m)	رباعي
coro (m)	korale (m)	كورال
orquesta (f)	orkestra (f)	أوركسترا
música (f) pop	mosīqa el bob (f)	موسيقى البوب
música (f) rock	mosīqa el rok (f)	موسيقى الروك
grupo (m) de rock	ferʾet el rokk (f)	فرقة الروك
jazz (m)	ʒāzz (m)	جاز
ídolo (m)	maʿbūd (m)	معبود
admirador (m)	moʿgab (m)	معجب
concierto (m)	ḥafla mūsiqiya (f)	حفلة موسيقيّة
sinfonía (f)	semfoniya (f)	سمفونيّة
composición (f)	ʾeṭʿa mosiqiya (f)	قطعة موسيقيّة
escribir (vt)	allaf	ألّف
canto (m)	ɣenāʾ (m)	غناء
canción (f)	oɣniya (f)	أغنيّة
melodía (f)	laḥn (m)	لحن
ritmo (m)	eqāʿ (m)	إيقاع
blues (m)	mosīqa el blues (f)	موسيقى البلوز
notas (f pl)	notāt (pl)	نوتات
batuta (f)	ʿaṣa el maystro (m)	عصا المايسترو
arco (m)	qose (m)	قوس
cuerda (f)	watar (m)	وتر
estuche (m)	ʃanṭa (f)	شنطة

El descanso. El entretenimiento. El viaje

130. Las vacaciones. El viaje

turismo (m)	seyāḥa (f)	سياحة
turista (m)	sā'eḥ (m)	سائح
viaje (m)	reḥla (f)	رحلة
aventura (f)	moɣamra (f)	مغامرة
viaje (m) (p.ej. ~ en coche)	reḥla (f)	رحلة
vacaciones (f pl)	agāza (f)	أجازة
estar de vacaciones	kān fi agāza	كان في أجازة
descanso (m)	estrāḥa (f)	إستراحة
tren (m)	qeṭār, 'aṭṭr (m)	قطار
en tren	bel qeṭār - bel aṭṭr	بالقطار
avión (m)	ṭayāra (f)	طيّارة
en avión	bel ṭayāra	بالطيّارة
en coche	bel sayāra	بالسيّارة
en barco	bel safīna	بالسفينة
equipaje (m)	el ʃonaṭ (pl)	الشنط
maleta (f)	ʃanṭa (f)	شنطة
carrito (m) de equipaje	'arabet ʃonaṭ (f)	عربة شنط
pasaporte (m)	basbore (m)	باسبور
visado (m)	ta'ʃīra (f)	تأشيرة
billete (m)	tazkara (f)	تذكرة
billete (m) de avión	tazkara ṭayarān (f)	تذكرة طيران
guía (f) (libro)	dalīl (m)	دليل
mapa (m)	χarīṭa (f)	خريطة
área (f) (~ rural)	mante'a (f)	منطقة
lugar (m)	makān (m)	مكان
exotismo (m)	ɣarāba (f)	غرابة
exótico (adj)	ɣarīb	غريب
asombroso (adj)	mod-heʃ	مدهش
grupo (m)	magmū'a (f)	مجموعة
excursión (f)	gawla (f)	جولة
guía (m) (persona)	morʃed (m)	مرشد

131. El hotel

hotel (m)	fondo' (m)	فندق
motel (m)	motel (m)	موتيل
de tres estrellas	talat nogūm	ثلاث نجوم

de cinco estrellas	xamas nogūm	خمس نجوم
hospedarse (vr)	nezel	نزل
habitación (f)	oḍa (f)	أوضة
habitación (f) individual	owḍa le ʃaxṣ wāḥed (f)	أوضة لشخص واحد
habitación (f) doble	oḍa le ʃaxṣeyn (f)	أوضة لشخصين
reservar una habitación	ḥagaz owḍa	حجز أوضة
media pensión (f)	wagbeteyn fel yome (du)	وجبتين في اليوم
pensión (f) completa	talat wagabāt fel yome	ثلاث وجبات في اليوم
con baño	bel banyo	بـ البانيو
con ducha	bel doʃ	بالدوش
televisión (f) satélite	televizion be qanawāt faḍā'iya (m)	تليفزيون بقنوات فضائية
climatizador (m)	takyīf (m)	تكييف
toalla (f)	fūṭa (f)	فوطة
llave (f)	meftāḥ (m)	مفتاح
administrador (m)	modīr (m)	مدير
camarera (f)	ʿāmela tandīf ɣoraf (f)	عاملة تنظيف غرف
maletero (m)	ʃayāl (m)	شيّال
portero (m)	bawwāb (m)	بوّاب
restaurante (m)	maṭʿam (m)	مطعم
bar (m)	bār (m)	بار
desayuno (m)	foṭūr (m)	فطور
cena (f)	ʿaʃā' (m)	عشاء
buffet (m) libre	bofeyh (m)	بوفيه
vestíbulo (m)	rad-ha (f)	ردهة
ascensor (m)	asanseyr (m)	اسانسير
NO MOLESTAR	nargu ʿadam el ezʿāg	نرجو عدم الإزعاج
PROHIBIDO FUMAR	mamnūʿ el tadxīn	ممنوع التدخين

132. Los libros. La lectura

libro (m)	ketāb (m)	كتاب
autor (m)	mo'allef (m)	مؤلّف
escritor (m)	kāteb (m)	كاتب
escribir (~ un libro)	allaf	ألّف
lector (m)	qāre' (m)	قارئ
leer (vi, vt)	'ara	قرأ
lectura (f)	qerā'a (f)	قراءة
en silencio	beṣamt	بصمت
en voz alta	beṣote ʿāly	بصوت عالي
editar (vt)	naʃar	نشر
edición (f) (~ de libros)	naʃr (m)	نشر
editor (m)	nāʃer (m)	ناشر
editorial (f)	dar el ṭebāʿa wel naʃr (f)	دار الطباعة والنشر

salir (libro)	ṣadar	صدر
salida (f) (de un libro)	ṣodūr (m)	صدور
tirada (f)	ʻadad el nosaχ (m)	عدد النسخ
librería (f)	maḥal kotob (m)	محل كتب
biblioteca (f)	maktaba (f)	مكتبة
cuento (m)	ʼoṣṣa (f)	قصّة
relato (m) corto	qeṣṣa ʼaṣīra (f)	قصّة قصيرة
novela (f)	rewāya (f)	رواية
novela (f) policíaca	rewāya bolesiya (f)	رواية بوليسية
memorias (f pl)	mozakkerāt (pl)	مذكّرات
leyenda (f)	osṭūra (f)	أسطورة
mito (m)	χorāfa (f)	خرافة
versos (m pl)	ʃeʻr (m)	شعر
autobiografía (f)	sīret ḥayah (f)	سيرة حياة
obras (f pl) escogidas	muχtarāt (pl)	مختارات
ciencia ficción (f)	χayāl ʻelmy (m)	خيال علمي
título (m)	ʻenwān (m)	عنوان
introducción (f)	moqaddema (f)	مقدّمة
portada (f)	ṣafḥet ʻenwān (f)	صفحة العنوان
capítulo (m)	faṣl (m)	فصل
extracto (m)	χolāṣa (f)	خلاصة
episodio (m)	maʃ-had (m)	مشهد
sujeto (m)	ḥabka (f)	حبّكة
contenido (m)	moḥtawayāt (pl)	محتويات
tabla (f) de contenidos	gadwal el moḥtawayāt (m)	جدوَل المحتويات
héroe (m) principal	el ʃaχṣiya el raʼesiya (f)	الشخصية الرئيسية
tomo (m)	mogallad (m)	مجلّد
cubierta (f)	ɣelāf (m)	غلاف
encuadernado (m)	taglīd (m)	تجليد
marcador (m) de libro	ʃerīʼṭ (m)	شريط
página (f)	ṣafḥa (f)	صفحة
hojear (vt)	ʼalleb el ṣafaḥāt	قلّب الصفحات
márgenes (m pl)	hāmeʃ (m)	هامش
anotación (f)	molaḥza (f)	ملاحظة
nota (f) a pie de página	molaḥza (f)	ملاحظة
texto (m)	noṣṣ (m)	نصّ
fuente (f)	nūʻ el χaṭṭ (m)	نوع الخطّ
errata (f)	χaṭaʼ maṭbaʻy (m)	خطأ مطبعيّ
traducción (f)	targama (f)	ترجمة
traducir (vt)	targem	ترجم
original (m)	aṣliya (f)	أصلية
famoso (adj)	maʃ-hūr	مشهور
desconocido (adj)	meʃ maʻrūf	مش معروف
interesante (adj)	moʃawweq	مشوّق

best-seller (m)	aktar mabee'an (m)	أكثر مبيعاً
diccionario (m)	qamūs (m)	قاموس
manual (m)	ketāb ta'līm (m)	كتاب تعليم
enciclopedia (f)	ensayklopedia (f)	إنسيكلوبيديا

133. La caza. La pesca

caza (f)	ṣeyd (m)	صيد
cazar (vi, vt)	eṣṭād	إصطاد
cazador (m)	ṣayād (m)	صيّاد
tirar (vi)	ḍarab bel nār	ضرب بالنار
fusil (m)	bondoqiya (f)	بندقيّة
cartucho (m)	roṣāṣa (f)	رصاصة
perdigón (m)	'eyār (m)	عيار
cepo (m)	maṣyada (f)	مصيّدة
trampa (f)	fakχ (m)	فخّ
caer en el cepo	we'e' fe fakχ	وقع في فخّ
poner un cepo	naṣb fakχ	نصب فخّ
cazador (m) furtivo	sāre' el ṣeyd (m)	سارق الصيد
caza (f) menor	ṣeyd (m)	صيد
perro (m) de caza	kalb ṣeyd (m)	كلب صيد
safari (m)	safāry (m)	سفاري
animal (m) disecado	ḥayawān moḥannaṭ (m)	حيوان محنّط
pescador (m)	ṣayād el samak (m)	صيّاد السمك
pesca (f)	ṣeyd el samak (m)	صيد السمك
pescar (vi)	eṣṭād samak	إصطاد سمك
caña (f) de pescar	ṣennāra (f)	صنّارة
sedal (m)	χeyṭ (m)	خيط
anzuelo (m)	ʃaṣ el garīma (m)	شص الصيد
flotador (m)	'awwāma (f)	عوّامة
cebo (m)	ṭa'm (m)	طعم
lanzar el anzuelo	ṭaraḥ el ṣennāra	طرح الصنّارة
picar (vt)	'aḍḍ	عض
pesca (f) (lo pescado)	el samak el moṣṭād (m)	السمك المصطاد
agujero (m) en el hielo	fat-ḥa fel galīd (f)	فتحة في الجليد
red (f)	ʃabaket el ṣeyd (f)	شبكة الصيد
barca (f)	markeb (m)	مركب
pescar con la red	eṣṭād bel ʃabaka	إصطاد بالشبكة
tirar la red	rama ʃabaka	رمى شبكة
sacar la red	aχrag ʃabaka	أخرج شبكة
caer en la red	we'e' fe ʃabaka	وقع في شبكة
ballenero (m) (persona)	ṣayād el ḥūt (m)	صيّاد الحوت
ballenero (m) (barco)	safīna ṣeyd ḥitān (f)	سفينة صيد الحيتان
arpón (m)	ḥerba (f)	حربة

134. Los juegos. El billar

billar (m)	bilyardo (m)	بلياردو
sala (f) de billar	qā'a bilyardo (m)	قاعة بلياردو
bola (f) de billar	kora (f)	كرة
entronerar la bola	dakɣal kora	دخّل كرة
taco (m)	'aṣāyet bilyardo (f)	عصاية بلياردو
tronera (f)	geyb bilyardo (m)	جيب بلياردو

135. Los juegos. Las cartas

carta (f)	wara'a (f)	ورقة
cartas (f pl)	wara' (m)	ورق
baraja (f)	desta wara' 'enab (f)	دستة ورق اللعب
triunfo (m)	wara'a rābeḥa (f)	ورقة رابحة
cuadrados (m pl)	el dinary (m)	الديناري
picas (f pl)	el bastūny (m)	البستوني
corazones (m pl)	el koba (f)	الكوبة
tréboles (m pl)	el sebāty (m)	السباتي
as (m)	'āss (m)	آس
rey (m)	malek (m)	ملك
dama (f)	maleka (f)	ملكة
sota (f)	walad (m)	ولد
dar, distribuir (repartidor)	farra'	فرّق
barajar (vt) (mezclar las cartas)	ɣalaṭ	خلط
jugada (f) (turno)	dore (m)	دور
punto (m)	nu'ṭa (f)	نقطة
fullero (m)	moḥtāl fel 'omār (m)	محتال في القمار

136. El descanso. Los juegos. Miscelánea

pasear (vi)	tamasʃa	تمشّى
paseo (m) (caminata)	tamʃeya (f)	تمشيّة
paseo (m) (en coche)	gawla bel sayāra (f)	جولة بالسيّارة
aventura (f)	moɣamra (f)	مغامرة
picnic (m)	nozha (f)	نزهة
juego (m)	le'ba (f)	لعبة
jugador (m)	lā'eb (m)	لاعب
partido (m)	dore (m)	دور
coleccionista (m)	gāme' (m)	جامع
coleccionar (vt)	gamma'	جمّع
colección (f)	magmū'a (f)	مجموعة
crucigrama (m)	kalemāt motaqaṭ'a (pl)	كلمات متقاطعة
hipódromo (m)	ḥalabet el sebā' (f)	حلبة السباق

discoteca (f)	disko (m)	ديسكو
sauna (f)	sauna (f)	ساونا
lotería (f)	yanaṣīb (m)	يانصيب
marcha (f)	reḥlet taχyīm (f)	رحلة تخييم
campo (m)	moχayam (m)	مخيّم
campista (m)	moχayam (m)	مخيّم
tienda (f) de campaña	χeyma (f)	خيمة
brújula (f)	boṣla (f)	بوصلة
ver (la televisión)	ʃāhed	شاهد
telespectador (m)	moʃāhed (m)	مشاهد
programa (m) de televisión	barnāmeg televiziony (m)	برنامج تليفزيوني

137. La fotografía

cámara (f) fotográfica	kamera (f)	كاميرا
fotografía (f) (una foto)	ṣūra (f)	صورة
fotógrafo (m)	moṣawwer (m)	مصوّر
estudio (m) fotográfico	estudio taṣwīr (m)	إستوديو تصوير
álbum (m) de fotos	albūm el ṣewar (m)	ألبوم الصور
objetivo (m)	ʿadaset kamera (f)	عدسة الكاميرا
teleobjetivo (m)	ʿadasa teleskopiya (f)	عدسة تلسكوبيّة
filtro (m)	filter (m)	فلتر
lente (m)	ʿadasa (f)	عدسة
óptica (f)	baṣrīāt (pl)	بصريات
diafragma (m)	saddāda (f)	سدّادة
tiempo (m) de exposición	moddet el taʿarroḍ (f)	مدّة التعرض
visor (m)	el ʿeyn el faḥeṣa (f)	العين الفاحصة
cámara (f) digital	kamera diʒital (f)	كاميرا ديجيتال
trípode (m)	tribod (m)	ترايبود
flash (m)	flāʃ (m)	فلاش
fotografiar (vt)	ṣawwar	صوّر
hacer fotos	ṣawwar	صوّر
fotografiarse (vr)	etṣawwar	إتصوّر
foco (m)	tarkīz (m)	تركيز
enfocar (vt)	rakkez	ركّز
nítido (adj)	ḥādda	حادّة
nitidez (f)	ḥedda (m)	حدّة
contraste (m)	tabāyon (m)	تباين
de alto contraste (adj)	motabāyen	متباين
foto (f)	ṣūra (f)	صورة
negativo (m)	el nosχa el salba (f)	النسخة السالبة
película (f) fotográfica	film (m)	فيلم
fotograma (m)	eṭār (m)	إطار
imprimir (vt)	ṭabaʿ	طبع

138. La playa. La natación

playa (f)	ʃāṭe' (m)	شاطئ
arena (f)	raml (m)	رمل
desierto (playa ~a)	mahgūr	مهجور
bronceado (m)	esmerār el baʃra (m)	إسمرار البشرة
broncearse (vr)	etʃammes	إتشمّس
bronceado (adj)	asmar	أسمر
protector (m) solar	krīm wāqy men el ʃams (m)	كريم واقي من الشمس
bikini (m)	bikini (m)	بكيني
traje (m) de baño	mayo (m)	مايّوه
bañador (m)	mayo regāly (m)	مايّوه رجالي
piscina (f)	ḥammām sebāḥa (m)	حمّام سباحة
nadar (vi)	'ām, sabaḥ	عام, سبح
ducha (f)	doʃ (m)	دوش
cambiarse (vr)	ɣayar lebso	غيّر لبسه
toalla (f)	fūṭa (f)	فوطة
barca (f)	markeb (m)	مركب
lancha (f) motora	lunʃ (m)	لنش
esquís (m pl) acuáticos	tazallog 'alal mā' (m)	تزلّج على الماء
bicicleta (f) acuática	el baddāl (m)	البدّال
surf (m)	surfing (m)	سيرفينج
surfista (m)	rākeb el amwāg (m)	راكب الأمواج
equipo (m) de buceo	gehāz el tanaffos (m)	جهاز التنفّس
aletas (f pl)	za'ānef el sebāḥa (pl)	زعانف السباحة
máscara (f) de buceo	kamāma (f)	كمامة
buceador (m)	ɣawwāṣ (m)	غوّاص
bucear (vi)	ɣāṣ	غاص
bajo el agua (adv)	taḥt el maya	تحت المايّة
sombrilla (f)	ʃamsiya (f)	شمسيّة
tumbona (f)	korsy blāʒ (m)	كرسي بلاج
gafas (f pl) de sol	naḍḍāret ʃams (f)	نضّارة شمس
colchoneta (f) inflable	martaba hawa'iya (f)	مرتبة هوائية
jugar (divertirse)	le'eb	لعب
bañarse (vr)	sebeḥ	سبح
pelota (f) de playa	koret ʃaṭṭ (f)	كرة شطّ
inflar (vt)	nafaχ	نفخ
inflable (colchoneta ~)	qābel lel nafχ	قابل للنفخ
ola (f)	mouga (f)	موجة
boya (f)	ʃamandūra (f)	شمندورة
ahogarse (vr)	ɣere'	غرق
salvar (vt)	anqaz	أنقذ
chaleco (m) salvavidas	sotret nagah (f)	سترة نجاة
observar (vt)	rāqab	راقب
socorrista (m)	ḥāres ʃāṭe' (m)	حارس شاطئ

EL EQUIPO TÉCNICO. EL TRANSPORTE

El equipo técnico

139. El computador

ordenador (m)	kombuter (m)	كمبيوتر
ordenador (m) portátil	lab tob (m)	لابتوب
encender (vt)	fataḥ, ʃagɣal	فتح, شغّل
apagar (vt)	ṭaffa	طفّى
teclado (m)	lawḥet el mafatīḥ (f)	لوحة المفاتيح
tecla (f)	meftāḥ (m)	مفتاح
ratón (m)	maws (m)	ماوس
alfombrilla (f) para ratón	maws bād (m)	ماوس باد
botón (m)	zerr (m)	زرّ
cursor (m)	mo'asʃer (m)	مؤشّر
monitor (m)	ʃāʃa (f)	شاشة
pantalla (f)	ʃāʃa (f)	شاشة
disco (m) duro	hard disk (m)	هارد ديسك
volumen (m) de disco duro	se'et el hard disk (f)	سعة الهارد ديسك
memoria (f)	zākera (f)	ذاكرة
memoria (f) operativa	zākerat el woṣūl el 'aʃwā'y (f)	ذاكرة الوصول العشوائي
archivo, fichero (m)	malaff (m)	ملفّ
carpeta (f)	ḥāfeza (m)	حافظة
abrir (vt)	fataḥ	فتح
cerrar (vt)	'afal	قفل
guardar (un archivo)	ḥafaẓ	حفظ
borrar (vt)	masaḥ	مسح
copiar (vt)	nasaχ	نسخ
ordenar (vt) (~ de A a Z, etc.)	ṣannaf	صنّف
transferir (vt)	na'al	نقل
programa (m)	barnāmeg (m)	برنامج
software (m)	barmagīāt (pl)	برمجيّات
programador (m)	mobarmeg (m)	مبرمج
programar (vt)	barmag	برمج
hacker (m)	haker (m)	هاكر
contraseña (f)	kelmet el serr (f)	كلمة السرّ
virus (m)	virūs (m)	فيروس
detectar (vt)	la'a	لقى
octeto, byte (m)	byte (m)	بايت

megaocteto (m)	megabayt (m)	ميجا بايت
datos (m pl)	bayanāt (pl)	بيانات
base (f) de datos	qa'edet bayanāt (f)	قاعدة بيانات
cable (m)	kabl (m)	كابل
desconectar (vt)	faṣal	فصل
conectar (vt)	waṣṣal	وصّل

140. El internet. El correo electrónico

internet (m), red (f)	internet (m)	إنترنت
navegador (m)	motaṣaffeḥ (m)	متصفّح
buscador (m)	moḥarrek baḥs (m)	محرك بحث
proveedor (m)	ʃerket el internet (f)	شركة الإنترنت
webmaster (m)	modīr el mawqe' (m)	مدير الموقع
sitio (m) web	mawqe' elektrony (m)	موقع الكتروني
página (f) web	ṣafḥet web (f)	صفحة ويب
dirección (f)	'enwān (m)	عنوان
libro (m) de direcciones	daftar el 'anawīn (m)	دفتر العناوين
buzón (m)	ṣandū' el barīd (m)	صندوق البريد
correo (m)	barīd (m)	بريد
lleno (adj)	mumtali'	ممتلىء
mensaje (m)	resāla (f)	رسالة
correo (m) entrante	rasa'el wārda (pl)	رسائل واردة
correo (m) saliente	rasa'el ṣādra (pl)	رسائل صادرة
expedidor (m)	morsel (m)	مرسل
enviar (vt)	arsal	أرسل
envío (m)	ersāl (m)	إرسال
destinatario (m)	morsel elayh (m)	مرسل إليه
recibir (vt)	estalam	إستلم
correspondencia (f)	morasla (f)	مراسلة
escribirse con ...	tarāsal	تراسل
archivo, fichero (m)	malaff (m)	ملفّ
descargar (vt)	ḥammel	حمّل
crear (vt)	'amal	عمل
borrar (vt)	masaḥ	مسح
borrado (adj)	mamsūḥ	ممسوح
conexión (f) (ADSL, etc.)	etteṣāl (m)	إتّصال
velocidad (f)	sor'a (f)	سرعة
módem (m)	modem (m)	مودم
acceso (m)	woṣūl (m)	وصول
puerto (m)	maχrag (m)	مخرج
conexión (f) (establecer la ~)	etteṣāl (m)	إتّصال
conectarse a ...	yuwṣel	يوصل
seleccionar (vt)	eχtār	إختار
buscar (vt)	baḥs	بحث

El transporte

141. El avión

avión (m)	ṭayāra (f)	طيّارة
billete (m) de avión	tazkara ṭayarān (f)	تذكرة طيران
compañía (f) aérea	ʃerket ṭayarān (f)	شركة طيران
aeropuerto (m)	maṭār (m)	مطار
supersónico (adj)	χāreq lel ṣote	خارق للصوت
comandante (m)	kabten (m)	كابتن
tripulación (f)	ṭa'm (m)	طقم
piloto (m)	ṭayār (m)	طيّار
azafata (f)	moḏīfet ṭayarān (f)	مضيفة طيران
navegador (m)	mallāḥ (m)	ملاّح
alas (f pl)	agneḥa (pl)	أجنحة
cola (f)	deyl (m)	ذيل
cabina (f)	kabīna (f)	كابينة
motor (m)	motore (m)	موتور
tren (m) de aterrizaje	'agalāt el hobūṭ (pl)	عجلات الهبوط
turbina (f)	torbīna (f)	توربينة
hélice (f)	marwaḥa (f)	مروّحة
caja (f) negra	mosaggel el ṭayarān (m)	مسجّل الطيران
timón (m)	moqawwed el ṭayāra (m)	مقوّد الطيّارة
combustible (m)	woqūd (m)	وقود
instructivo (m) de seguridad	beṭā'et el salāma (f)	بطاقة السلامة
respirador (m) de oxígeno	mask el oksyʒīn (m)	ماسك الاوكسيجين
uniforme (m)	zayī muwaḥḥad (m)	زيّ موحّد
chaleco (m) salvavidas	sotret nagah (f)	سترة نجاة
paracaídas (m)	baraʃot (m)	باراشوت
despegue (m)	eqlā' (m)	إقلاع
despegar (vi)	aqla'et	أقلعت
pista (f) de despegue	modarrag el ṭa'erāṭ (m)	مدرّج الطائرات
visibilidad (f)	ro'ya (f)	رؤية
vuelo (m)	ṭayarān (m)	طيران
altura (f)	ertefā' (m)	إرتفاع
pozo (m) de aire	geyb hawā'y (m)	جيب هوائي
asiento (m)	meq'ad (m)	مقعد
auriculares (m pl)	samma'āt ra'siya (pl)	سمّاعات رأسية
mesita (f) plegable	ṣeniya qabela lel ṭayī (f)	صينية قابلة للطيّ
ventana (f)	ʃebbāk el ṭayāra (m)	شبّاك الطيّارة
pasillo (m)	mamarr (m)	ممرّ

142. El tren

tren (m)	qeṭār, 'aṭṭr (m)	قطار
tren (m) de cercanías	qeṭār rokkāb (m)	قطار ركّاب
tren (m) rápido	qeṭār saree' (m)	قطار سريع
locomotora (f) diésel	qāṭeret dīzel (f)	قاطرة ديزل
tren (m) de vapor	qāṭera boχariya (f)	قاطرة بخاريّة
coche (m)	'araba (f)	عربة
coche (m) restaurante	'arabet el ṭa'ām (f)	عربة الطعام
rieles (m pl)	qoḍbān (pl)	قضبان
ferrocarril (m)	sekka ḥadīdiya (f)	سكّة حديديّة
traviesa (f)	'āreḍa sekket ḥadīd (f)	عارضة سكّة الحديد
plataforma (f)	raṣīf (m)	رصيف
vía (f)	χaṭṭ (m)	خطّ
semáforo (m)	semafore (m)	سيمافور
estación (f)	maḥaṭṭa (f)	محطّة
maquinista (m)	sawwā' (m)	سوّاق
maletero (m)	ʃayāl (m)	شيّال
mozo (m) del vagón	mas'ūl 'arabet el qeṭār (m)	مسؤول عربة القطار
pasajero (m)	rākeb (m)	راكب
revisor (m)	kamsary (m)	كمسري
corredor (m)	mamarr (m)	ممرّ
freno (m) de urgencia	farāmel el ṭawāre' (pl)	فرامل الطوارئ
compartimiento (m)	ɣorfa (f)	غرفة
litera (f)	serīr (m)	سرير
litera (f) de arriba	serīr 'olwy (m)	سرير علويّ
litera (f) de abajo	serīr sofly (m)	سرير سفلي
ropa (f) de cama	aɣṭeyet el serīr (pl)	أغطيّة السرير
billete (m)	tazkara (f)	تذكرة
horario (m)	gadwal (m)	جدوّل
pantalla (f) de información	lawḥet ma'lomāt (f)	لوحة معلومات
partir (vi)	ɣādar	غادر
partida (f) (del tren)	moɣadra (f)	مغادرة
llegar (tren)	weṣel	وصل
llegada (f)	woṣūl (m)	وصول
llegar en tren	weṣel bel qeṭār	وصل بالقطار
tomar el tren	rekeb el qeṭār	ركب القطار
bajar del tren	nezel men el qeṭār	نزل من القطار
descarrilamiento (m)	ḥeṭām qeṭār (m)	حطام قطار
descarrilarse (vr)	χarag 'an χaṭṭ sīru	خرج عن خطّ سيره
tren (m) de vapor	qāṭera boχariya (f)	قاطرة بخاريّة
fogonero (m)	'atʃagy (m)	عطشجي
hogar (m)	forn el moḥarrek (m)	فرن المحرّك
carbón (m)	faḥm (m)	فحم

143. El barco

barco, buque (m)	safīna (f)	سفينة
navío (m)	safīna (f)	سفينة
buque (m) de vapor	baҳera (f)	باخرة
motonave (f)	baҳera nahriya (f)	باخرة نهرية
trasatlántico (m)	safīna seyaḥiya (f)	سفينة سياحيّة
crucero (m)	ṭarrād safīna baḥariya (m)	طرّاد سفينة بحريّة
yate (m)	yaҳt (m)	يخت
remolcador (m)	qāṭera baḥariya (f)	قاطرة بحريّة
barcaza (f)	ṣandal (m)	صندل
ferry (m)	ʿabbāra (f)	عبّارة
velero (m)	safīna ʃeraʿiya (m)	سفينة شراعيّة
bergantín (m)	markeb ʃerāʿy (m)	مركب شراعي
rompehielos (m)	moḥaṭṭemet galīd (f)	محطّمة جليد
submarino (m)	ɣawwāṣa (f)	غوّاصة
bote (m) de remo	markeb (m)	مركب
bote (m)	zawraʾ (m)	زورق
bote (m) salvavidas	qāreb nagah (m)	قارب نجاة
lancha (f) motora	lunʃ (m)	لنش
capitán (m)	ʾobṭān (m)	قبطان
marinero (m)	baḥḥār (m)	بحّار
marino (m)	baḥḥār (m)	بحّار
tripulación (f)	ṭāqem (m)	طاقم
contramaestre (m)	rabbān (m)	ربّان
grumete (m)	ṣaby el safīna (m)	صبي السفينة
cocinero (m) de abordo	ṭabbāҳ (m)	طبّاخ
médico (m) del buque	ṭabīb el safīna (m)	طبيب السفينة
cubierta (f)	saṭ-ḥ el safīna (m)	سطح السفينة
mástil (m)	sāreya (f)	سارية
vela (f)	ʃerāʿ (m)	شراع
bodega (f)	ʿanbar (m)	عنبر
proa (f)	moʾaddema (m)	مقدّمة
popa (f)	moʾaҳeret el safīna (f)	مؤخّرة السفينة
remo (m)	megdāf (m)	مجذاف
hélice (f)	marwaḥa (f)	مروحة
camarote (m)	kabīna (f)	كابينة
sala (f) de oficiales	ɣorfet el ṭaʿām wel rāḥa (f)	غرفة الطعام والراحة
sala (f) de máquinas	qesm el ʾālāt (m)	قسم الآلات
puente (m) de mando	borg el qeyāda (m)	برج القيادة
sala (f) de radio	ɣorfet el lāselky (f)	غرفة اللاسلكي
onda (f)	mouga (f)	موجة
cuaderno (m) de bitácora	segel el safīna (m)	سجل السفينة
anteojo (m)	monzār (m)	منظار
campana (f)	garas (m)	جرس

bandera (f)	ʿalam (m)	علم
cabo (m) (maroma)	ḥabl (m)	حبل
nudo (m)	ʿoʾda (f)	عقدة
pasamano (m)	drabzīn saṭ-ḥ el safīna (m)	درابزين سطح السفينة
pasarela (f)	sellem (m)	سلّم
ancla (f)	marsāh (f)	مرساة
levar ancla	rafaʿ morsah	رفع مرساة
echar ancla	rasa	رسا
cadena (f) del ancla	selselet morsah (f)	سلسلة مرساة
puerto (m)	mināʾ (m)	ميناء
embarcadero (m)	marsa (m)	مرسى
amarrar (vt)	rasa	رسا
desamarrar (vt)	aqlaʿ	أقلع
viaje (m)	reḥla (f)	رحلة
crucero (m) (viaje)	reḥla baḥariya (f)	رحلة بحريّة
derrota (f) (rumbo)	masār (m)	مسار
itinerario (m)	ṭarīʾ (m)	طريق
canal (m) navegable	magra melāḥy (m)	مجرى ملاحيّ
bajío (m)	meyāh ḍaḥla (f)	مياه ضحلة
encallar (vi)	ganaḥ	جنح
tempestad (f)	ʿāṣefa (f)	عاصفة
señal (f)	eʃara (f)	إشارة
hundirse (vr)	ɣereʾ	غرق
¡Hombre al agua!	saʾaṭ rāgil min el sefīna!	سقط راجل من السفينة!
SOS	nedāʾ eɣāsa (m)	نداء إغاثة
aro (m) salvavidas	ṭoʾe nagah (m)	طوق نجاة

144. El aeropuerto

aeropuerto (m)	maṭār (m)	مطار
avión (m)	ṭayāra (f)	طيّارة
compañía (f) aérea	ʃerket ṭayarān (f)	شركة طيران
controlador (m) aéreo	marākeb el ḥaraka el gawiya (m)	مراكب الحركة الجويّة
despegue (m)	moɣadra (f)	مغادرة
llegada (f)	woṣūl (m)	وصول
llegar (en avión)	weṣel	وصل
hora (f) de salida	waʾt el moɣadra (m)	وقت المغادرة
hora (f) de llegada	waʾt el woṣūl (m)	وقت الوصول
retrasarse (vr)	taʾakχar	تأخّر
retraso (m) de vuelo	taʾaχor el reḥla (m)	تأخّر الرحلة
pantalla (f) de información	lawḥet el maʿlomāt (f)	لوحة المعلومات
información (f)	esteʿlamāt (pl)	إستعلامات
anunciar (vt)	aʿlan	أعلن

vuelo (m)	reḥlet ṭayarān (f)	رحلة طيران
aduana (f)	gamārek (pl)	جمارك
aduanero (m)	mowazzaf el gamārek (m)	موظّف الجمارك
declaración (f) de aduana	taṣrīḥ gomroky (m)	تصريح جمركي
rellenar (vt)	mala	ملا
rellenar la declaración	mala el taṣrīḥ	ملأ التصريح
control (m) de pasaportes	taftīʃ el gawazāt (m)	تفتيش الجوازات
equipaje (m)	el ʃonaṭ (pl)	الشنط
equipaje (m) de mano	ʃonaṭ el yad (pl)	شنط اليد
carrito (m) de equipaje	ʿarabet ʃonaṭ (f)	عربة شنط
aterrizaje (m)	hobūṭ (m)	هبوط
pista (f) de aterrizaje	mamarr el hobūṭ (m)	ممرّ الهبوط
aterrizar (vi)	habaṭ	هبط
escaleras (f pl) (de avión)	sellem el ṭayāra (m)	سلّم الطيّارة
facturación (f) (check-in)	tasgīl (m)	تسجيل
mostrador (m) de facturación	makān tasgīl (m)	مكان تسجيل
hacer el check-in	saggel	سجّل
tarjeta (f) de embarque	beṭāqet el rokūb (f)	بطاقة الركوب
puerta (f) de embarque	bawwābet el moɣadra (f)	بوّابة المغادرة
tránsito (m)	tranzīt (m)	ترانزيت
esperar (aguardar)	estanna	إستنّى
zona (f) de preembarque	ṣālet el moɣadra (f)	صالة المغادرة
despedir (vt)	waddaʿ	ودّع
despedirse (vr)	waddaʿ	ودّع

145. La bicicleta. La motocicleta

bicicleta (f)	beskeletta (f)	بيسكلتّة
scooter (m)	fezba (f)	فزبة
motocicleta (f)	motosekl (m)	موتوسيكل
ir en bicicleta	rāḥ bel beskeletta	راح بالبسكلتّة
manillar (m)	moqawwed (m)	مقوّد
pedal (m)	dawwāsa (f)	دوّاسة
frenos (m pl)	farāmel (pl)	فرامل
sillín (m)	korsy (m)	كرسي
bomba (f)	ṭolommba (f)	طلمّبة
portaequipajes (m)	raff el amteʿa (m)	رفّ الأمتعة
faro (m)	el meṣbāḥ el amāmy (m)	المصباح الأمامي
casco (m)	χawza (f)	خوذة
rueda (f)	ʿagala (f)	عجلة
guardabarros (m)	refrāf (m)	رفراف
llanta (f)	eṭār (m)	إطار
rayo (m)	mekbaḥ el ʿagala (m)	مكبح العجلة

Los coches

146. El coche

coche (m)	sayāra (f)	سيّارة
coche (m) deportivo	sayāra reyāḍiya (f)	سيّارة رياضيّة
limusina (f)	limozīn (m)	ليموزين
todoterreno (m)	sayāret ṭoro' wa'ra (f)	سيّارة طرق وعرة
cabriolé (m)	kabryoleyh (m)	كابريوليه
microbús (m)	mikrobāṣ (m)	ميكروباص
ambulancia (f)	es'āf (m)	إسعاف
quitanieves (m)	garrāfet talg (f)	جرّافة ثلج
camión (m)	ʃāḥena (f)	شاحنة
camión (m) cisterna	nāqelet betrūl (f)	ناقلة بترول
camioneta (f)	'arabiyet na'l (f)	عربيّة نقل
cabeza (f) tractora	garrār (m)	جرّار
remolque (m)	ma'ṭūra (f)	مقطورة
confortable (adj)	morīḥ	مريح
de ocasión (adj)	mosta'mal	مستعمل

147. El coche. El taller

capó (m)	kabbūt (m)	كبّوت
guardabarros (m)	refrāf (m)	رفراف
techo (m)	sa'f (m)	سقف
parabrisas (m)	ezāz amāmy (f)	إزاز أمامي
espejo (m) retrovisor	merāya daχeliya (f)	مراية داخليّة
limpiador (m)	monazzef el ezāz el amāmy (m)	منظّف الإزاز الأمامي
limpiaparabrisas (m)	massāḥāt (pl)	مسّاحات
ventana (f) lateral	ʃebbāk gāneby (m)	شبّاك جانبي
elevalunas (m)	ezāz kahrabā'y (m)	إزاز كهربائي
antena (f)	hawā'y (m)	هوائي
techo (m) solar	fat-ḥet el sa'f (f)	فتحة السقف
parachoques (m)	ekṣedām (m)	اكصدام
maletero (m)	ʃanṭet el 'arabiya (f)	شنطة العربيّة
baca (f) (portaequipajes)	raff sa'f el 'arabiya (m)	رفّ سقف العربيّة
puerta (f)	bāb (m)	باب
tirador (m) de puerta	okret el bāb (f)	اوكرة الباب
cerradura (f)	'efl el bāb (m)	قفل الباب
matrícula (f)	lawḥet raqam el sayāra (f)	لوحة رقم السيارة

silenciador (m)	kātem lel ṣote (m)	كاتم للصوت
tanque (m) de gasolina	χazzān el banzīn (m)	خزّان البنزين
tubo (m) de escape	anbūb el ʿādem (m)	أنبوب العادم
acelerador (m)	ɣāz (m)	غاز
pedal (m)	dawwāsa (f)	دوّاسة
pedal (m) de acelerador	dawwāset el banzīn (f)	دوّاسة البنزين
freno (m)	farāmel (pl)	فرامل
pedal (m) de freno	dawwāset el farāmel (m)	دوّاسة الفرامل
frenar (vi)	farmel	فرمل
freno (m) de mano	farāmel el enteẓār (pl)	فرامل الإنتظار
embrague (m)	klatʃ (m)	كلتش
pedal (m) de embrague	dawwāset el klatʃ (f)	دوّاسة الكلتش
disco (m) de embrague	ʾorṣ el klatʃ (m)	قرص الكلتش
amortiguador (m)	momtaṣṣ lel ṣadamāt (m)	ممتصّ للصدمات
rueda (f)	ʿagala (f)	عجلة
rueda (f) de repuesto	ʿagala eḥteyāṭy (f)	عجلة إحتياطية
neumático (m)	eṭār (m)	إطار
tapacubo (m)	ṭīs (m)	طيس
ruedas (f pl) motrices	ʿagalāt el qeyāda (pl)	عجلات القيادة
de tracción delantera	dafʿ amāmy (m)	دفع أمامي
de tracción trasera	dafʿ χalfy (m)	دفع خلفي
de tracción integral	dafʿ kāmel (m)	دفع كامل
caja (f) de cambios	gearboks (m)	جير بوكس
automático (adj)	otomatīky	أوتوماتيكي
mecánico (adj)	mikanīky	ميكانيكي
palanca (f) de cambios	meqbaḍ nāqel lel ḥaraka (m)	مقبض ناقل الحركة
faro (m) delantero	el meṣbāḥ el amāmy (m)	المصباح الأمامي
faros (m pl)	el maṣabīḥ el amamiya (pl)	المصابيح الأمامية
luz (f) de cruce	nūr moʾaʃer monχafeḍ (pl)	نور مؤشر منخفض
luz (f) de carretera	nūr moʾasʃer ʿāly (m)	نور مؤشر عالي
luz (f) de freno	nūr el farāmel (m)	نور الفرامل
luz (f) de posición	lambet el enteẓār (f)	لمبة الإنتظار
luces (f pl) de emergencia	eʃārāt el taḥzīr (pl)	إشارات التحذير
luces (f pl) antiniebla	kasʃāf el ḍabāb (m)	كشّاف الضباب
intermitente (m)	eʃāret el enʿeṭāf (f)	إشارة الإنعطاف
luz (f) de marcha atrás	ḍūʾ el rogūʿ lel χalf (m)	ضوء الرجوع للخلف

148. El coche. El compartimiento de pasajeros

habitáculo (m)	ṣalone el sayāra (m)	صالون السيارة
de cuero (adj)	men el geld	من الجلد
de felpa (adj)	men el moχmal	من المخمل
tapizado (m)	tangīd (m)	تنجيد
instrumento (m)	gehāz (m)	جهاز
salpicadero (m)	lawḥet ag-heza (f)	لوحة أجهزة

velocímetro (m)	me'yās sor'a (m)	مقياس سرعة
aguja (f)	mo'asʃer (m)	مؤشّر
cuentakilómetros (m)	'addād el mesafāt (m)	عدّاد المسافات
indicador (m)	'addād (m)	عدّاد
nivel (m)	mostawa (m)	مستوى
testigo (m) (~ luminoso)	lammbet enzār (f)	لمّبة إنذار
volante (m)	moqawwed (m)	مقوّد
bocina (f)	kalaks (m)	كلاكس
botón (m)	zerr (m)	زرّ
interruptor (m)	nāqel, meftāḥ (m)	ناقل, مفتاح
asiento (m)	korsy (m)	كرسي
respaldo (m)	masnad el ḍahr (m)	مسند الظهر
reposacabezas (m)	masnad el ra's (m)	مسند الرأس
cinturón (m) de seguridad	ḥezām el amān (m)	حزام الأمان
abrocharse el cinturón	rabaṭ el ḥezām	ربط الحزام
reglaje (m)	ḍabṭ (m)	ضبط
bolsa (f) de aire (airbag)	wesāda hawa'iya (f)	وسادة هوائية
climatizador (m)	takyīf (m)	تكييف
radio (m)	radio (m)	راديو
reproductor (m) de CD	moʃagɣel sidi (m)	مشغّل سي دي
encender (vt)	fataḥ, ʃagɣal	فتح, شغّل
antena (f)	hawā'y (m)	هوائي
guantera (f)	dorg (m)	درج
cenicero (m)	ṭa'ṭū'a (f)	طقطوقة

149. El coche. El motor

motor (m)	moḥarrek (m)	محرّك
motor (m)	motore (m)	موتور
diésel (adj)	'alal diesel	على الديزل
a gasolina (adj)	'alal banzīn	على البنزين
volumen (m) del motor	ḥagm el moḥarrek (m)	حجم المحرّك
potencia (f)	'owwa (f)	قوّة
caballo (m) de fuerza	ḥoṣān (m)	حصان
pistón (m)	mekbas (m)	مكبس
cilindro (m)	esṭewāna (f)	أسطوانة
válvula (f)	ṣamām (m)	صمام
inyector (m)	baχāχa (f)	بخّاخة
generador (m)	mowalled (m)	مولّد
carburador (m)	karburetor (m)	كاربراتير
aceite (m) de motor	zeyt el moḥarrek (m)	زيت المحرّك
radiador (m)	radiator (m)	رادياتير
liquido (m) refrigerante	mobarred (m)	مبرّد
ventilador (m)	marwaḥa (f)	مروحة
estárter (m)	meftāḥ el taʃɣīl (m)	مفتاح التشغيل
encendido (m)	nezām taʃɣīl (m)	نظام تشغيل

bujía (f)	ʃam'et el eḥterāq (f)	شمعة الإحتراق
fusible (m)	fetīl (m)	فتيل
batería (f)	baṭṭariya (f)	بطّاريّة
terminal (m)	ṭaraf tawṣīl (m)	طرف توصيل
terminal (m) positivo	ṭaraf muwgeb (m)	طرف موجب
terminal (m) negativo	ṭaraf sāleb (m)	طرف سالب
filtro (m) de aire	ṣaffāyet el hawā' (f)	صفّاية الهواء
filtro (m) de aceite	ṣaffāyet el zeyt (f)	صفّاية الزيت
filtro (m) de combustible	ṣaffāyet el banzīn (f)	صفّاية البنزين

150. El coche. Accidente de tráfico. La reparación

accidente (m)	ḥadset sayāra (f)	حادثة سيارة
accidente (m) de tráfico	ḥādes morūry (m)	حادث مروري
chocar contra ...	χabaṭ	خبط
tener un accidente	daʃdaʃ	دشدش
daño (m)	χesāra (f)	خسارة
intacto (adj)	salīm	سليم
averiarse (vr)	ta'aṭṭal	تعطّل
remolque (m) (cuerda)	ḥabl el saḥb	حبل السحب
pinchazo (m)	soqb (m)	ثقب
desinflarse (vr)	fasʃ	فشّ
inflar (vt)	nafaχ	نفخ
presión (f)	ḍaɣṭ (m)	ضغط
verificar (vt)	eχtabar	إختبر
reparación (f)	taṣlīḥ (m)	تصليح
taller (m)	warʃet taṣlīḥ 'arabīāt (f)	ورشة تصليح عربيات
parte (f) de repuesto	'eṭ'et ɣeyār (f)	قطعة غيار
parte (f)	'eṭ'a (f)	قطعة
perno (m)	mesmār 'alawoze (m)	مسمار قلاووظ
tornillo (m)	mesmār (m)	مسمار
tuerca (f)	ṣamūla (f)	صامولة
arandela (f)	warda (f)	وردة
rodamiento (m)	maḥmal (m)	محمل
tubo (m)	anbūba (f)	أنبوبة
junta (f)	'az'a (f)	عزقة
cable, hilo (m)	selk (m)	سلك
gato (m)	'afrīṭa (f)	عفريطة
llave (f) de tuerca	meftāḥ rabṭ (m)	مفتاح ربط
martillo (m)	ʃakūʃ (m)	شاكوش
bomba (f)	ṭolommba (f)	طلمّبة
destornillador (m)	mefakk (m)	مفكّ
extintor (m)	ṭaffayet ḥarī' (f)	طفّاية حريق
triángulo (m) de avería	eʃāret taḥzīr (f)	إشارة تحذير
pararse, calarse (vr)	et'aṭṭal	إتعطّل

parada (f) (del motor)	tawaqqof (m)	توقّف
estar averiado	kān maksūr	كان مكسور
recalentarse (vr)	soχn aktar men el lāzem	سخن أكثر من اللازم
estar atascado	kān masdūd	كان مسدود
congelarse (vr)	etgammed	إتجمّد
reventar (vi)	enqaṭaʿ - ettʾaṭṭaʿ	إنقطع
presión (f)	ḍaɣṭ (m)	ضغط
nivel (m)	mostawa (m)	مستوى
flojo (correa ~a)	ḍaʿīf	ضعيف
abolladura (f)	ṭaʿga (f)	طعجة
ruido (m) (en el motor)	daʾʾ (m)	دقّ
grieta (f)	ʃaʾʾ (m)	شقّ
rozadura (f)	χadʃ (m)	خدش

151. El coche. El camino

camino (m)	ṭarīʾ (m)	طريق
autovía (f)	ṭarīʾ sareeʿ (m)	طريق سريع
carretera (f)	otostrad (m)	اوتوستراد
dirección (f)	ettegāh (m)	إتّجاه
distancia (f)	masāfa (f)	مسافة
puente (m)	kobry (m)	كبري
aparcamiento (m)	mawʾef el ʿarabeyāt (m)	موقف العربيات
plaza (f)	medān (m)	ميدان
intercambiador (m)	taqāṭoʿ ṭoroʾ (m)	تقاطع طرق
túnel (m)	nafaʾ (m)	نفق
gasolinera (f)	maḥaṭṭet banzīn (f)	محطّة بنزين
aparcamiento (m)	mawʾef el ʿarabeyāt (m)	موقف العربيات
surtidor (m)	maḍaχet banzīn (f)	مضخّة بنزين
taller (m)	warʃet taṣlīḥ ʿarabīāt (f)	ورشة تصليح عربيات
cargar gasolina	mala banzīn	ملى بنزين
combustible (m)	woqūd (m)	وقود
bidón (m) de gasolina	ʒerken (m)	جركن
asfalto (m)	asfalt (m)	اسفلت
señalización (f) vial	ʿalamāt el ṭarīʾ (pl)	علامات الطريق
bordillo (m)	bardora (f)	بردورة
barrera (f) de seguridad	sūr (m)	سور
cuneta (f)	terʿa (f)	ترعة
borde (m) de la carretera	ḥaffet el ṭarīʾ (f)	حافّة الطريق
farola (f)	ʿamūd nūr (m)	عمود نور
conducir (vi, vt)	sāʾ	ساق
girar (~ a la izquierda)	ḥād	حاد
girar en U	laff fe u-turn	لفّ في يو تيرن
marcha (f) atrás	ḥaraka ela al warāʾ (f)	حركة إلى الوراء
tocar la bocina	zammar	زمّر
bocinazo (m)	kalaks (m)	كلاكس

atascarse (vr)	ɣaraz	غرز
patinar (vi)	dawwar	دوّر
parar (el motor)	awqaf	أوقف
velocidad (f)	sorʿa (f)	سرعة
exceder la velocidad	ʿadda el sorʿa	عدّى السرعة
multar (vt)	farad ɣarāma	فرض غرامة
semáforo (m)	eʃārāt el morūr (pl)	إشارات المرور
permiso (m) de conducir	roχșet el qeyāda (f)	رخصة قيادة
paso (m) a nivel	maʿbar (m)	معبر
cruce (m)	taqāṭoʿ (m)	تقاطع
paso (m) de peatones	maʿbar (m)	معبر
zona (f) de peatones	manteʾa lel moʃāh (f)	منطقة للمشاة

LA GENTE. ACONTECIMIENTOS DE LA VIDA

152. Los días festivos. Los eventos

fiesta (f)	ʿīd (m)	عيد
fiesta (f) nacional	ʿīd waṭany (m)	عيد وطني
día (m) de fiesta	agāza rasmiya (f)	أجازة رسميّة
celebrar (vt)	eḥtafal be zekra	إحتفل بذكرى
evento (m)	ḥadass (m)	حدث
medida (f)	monasba (f)	مناسبة
banquete (m)	walīma (f)	وليمة
recepción (f)	ḥaflet esteʾbāl (f)	حفلة إستقبال
festín (m)	walīma (f)	وليمة
aniversario (m)	zekra sanawiya (f)	ذكرى سنوية
jubileo (m)	yobeyl (m)	يوبيل
Año (m) Nuevo	raʾs el sanna (m)	رأس السنة
¡Feliz Año Nuevo!	koll sana wenta ṭayeb!	كلّ سنة وأنت طيّب!
Papá Noel (m)	baba neweyl (m)	بابا نويل
Navidad (f)	ʿīd el melād (m)	عيد الميلاد
¡Feliz Navidad!	ʿīd melād saʿīd!	عيد ميلاد سعيد!
árbol (m) de Navidad	ʃagaret el kresmas (f)	شجرة الكريسمس
fuegos (m pl) artificiales	alʿāb nāriya (pl)	ألعاب ناريّة
boda (f)	faraḥ (m)	فرح
novio (m)	ʿarīs (m)	عريس
novia (f)	ʿarūsa (f)	عروسة
invitar (vt)	ʿazam	عزم
tarjeta (f) de invitación	beṭāʾet daʿwa (f)	بطاقة دعوة
invitado (m)	ḍeyf (m)	ضيف
visitar (vt) (a los amigos)	zār	زار
recibir a los invitados	estaʾbal ḍoyūf	إستقبل ضيوف
regalo (m)	hediya (f)	هديّة
regalar (vt)	edda	إدّى
recibir regalos	estalam hadāya	إستلم هدايا
ramo (m) de flores	bokeyh (f)	بوكيه
felicitación (f)	tahneʾa (f)	تهنئة
felicitar (vt)	hanna	هنّأ
tarjeta (f) de felicitación	beṭāʾet tahneʾa (f)	بطاقة تهنئة
enviar una tarjeta	baʿat beṭāʾet tahneʾa	بعت بطاقة تهنئة
recibir una tarjeta	estalam beṭāʾa tahneʾa	استلم بطاقة تهنئة
brindis (m)	naχab (m)	نخب

ofrecer (~ una copa)	ḍayaf	ضيّف
champaña (f)	ʃambania (f)	شمبانيا
divertirse (vr)	estamtaʿ	إستمتع
diversión (f)	bahga (f)	بهجة
alegría (f) (emoción)	saʿāda (f)	سعادة
baile (m)	raʾṣa (f)	رقصة
bailar (vi, vt)	raʾaṣ	رقص
vals (m)	valles (m)	فالس
tango (m)	tango (m)	تانجو

153. Los funerales. El entierro

cementerio (m)	maqbara (f)	مقبرة
tumba (f)	ʾabr (m)	قبر
cruz (f)	ṣalīb (m)	صليب
lápida (f)	ḥagar el maʾʾbara (m)	حجر المقبرة
verja (f)	sūr (m)	سور
capilla (f)	kenīsa saɣīra (f)	كنيسة صغيرة
muerte (f)	mote (m)	موت
morir (vi)	māt	مات
difunto (m)	el motawaffy (m)	المتوفّي
luto (m)	ḥedād (m)	حداد
enterrar (vt)	dafan	دفن
funeraria (f)	maktab motaʿahhed el dafn (m)	مكتب متعهّد الدفن
entierro (m)	ganāza (f)	جنازة
corona (f) funeraria	eklīl (m)	إكليل
ataúd (m)	tabūt (m)	تابوت
coche (m) fúnebre	naʿʃ (m)	نعش
mortaja (f)	kafan (m)	كفن
cortejo (m) fúnebre	ganāza (f)	جنازة
urna (f) funeraria	garra ganaʾeziya (f)	جرّة جنائزية
crematorio (m)	maḥraʾet gosas el mawta (f)	محرقة جثث الموتى
necrología (f)	segel el wafiāt (m)	سجل الوفيات
llorar (vi)	baka	بكى
sollozar (vi)	nawwaḥ	نوّح

154. La guerra. Los soldados

sección (f)	faṣīla (f)	فصيلة
compañía (f)	serriya (f)	سريّة
regimiento (m)	foge (m)	فوج
ejército (m)	geyʃ (m)	جيش
división (f)	ferʾa (f)	فرقة

destacamento (m)	weḥda (f)	وحدة
hueste (f)	geyʃ (m)	جيش
soldado (m)	gondy (m)	جنّدي
oficial (m)	ḍābeṭ (m)	ضابط
soldado (m) raso	gondy (m)	جنّدي
sargento (m)	raqīb tāny (m)	رقيب تاني
teniente (m)	molāzem tāny (m)	ملازم تاني
capitán (m)	naqīb (m)	نقيب
mayor (m)	rāʾed (m)	رائد
coronel (m)	ʿaqīd (m)	عقيد
general (m)	ʒenerāl (m)	جنرال
marino (m)	baḥḥār (m)	بحّار
capitán (m)	ʾobṭān (m)	قبطان
contramaestre (m)	rabbān (m)	ربّان
artillero (m)	gondy fe selāḥ el madfaʿiya (m)	جنّدي في سلاح المدفعيّة
paracaidista (m)	selāḥ el maẓallāt (m)	سلاح المظلّات
piloto (m)	ṭayār (m)	طيّار
navegador (m)	mallāḥ (m)	ملّاح
mecánico (m)	mikanīky (m)	ميكانيكي
zapador (m)	mohandes ʿaskary (m)	مهندس عسكري
paracaidista (m)	gondy el baraʃot (m)	جنّدي الباراشوت
explorador (m)	kaʃāfet el esteṭlāʿ (f)	كشّافة الإستطلاع
francotirador (m)	qannāṣ (m)	قنّاص
patrulla (f)	dawriya (f)	دوّريّة
patrullar (vi, vt)	ʾām be dawriya	قام بدوريّة
centinela (m)	ḥāres (m)	حارس
guerrero (m)	muḥāreb (m)	محارب
patriota (m)	waṭany (m)	وطني
héroe (m)	baṭal (m)	بطل
heroína (f)	baṭala (f)	بطلة
traidor (m)	χāyen (m)	خاين
traicionar (vt)	χān	خان
desertor (m)	hāreb men el gondiya (m)	هارب من الجنديّة
desertar (vi)	farr men el geyʃ	فرّ من الجيش
mercenario (m)	maʾgūr (m)	مأجور
recluta (m)	gondy gedīd (m)	جنّدي جديد
voluntario (m)	motaṭawweʿ (m)	متطوّع
muerto (m)	ʾatīl (m)	قتيل
herido (m)	garīḥ (m)	جريح
prisionero (m)	asīr ḥarb (m)	أسير حرب

155. La guerra. El ámbito militar. Unidad 1

guerra (f)	ḥarb (f)	حرب
estar en guerra	ḥārab	حارب

guerra (f) civil	ḥarb ahliya (f)	حرب أهليّة
pérfidamente (adv)	ɣadran	غدراً
declaración (f) de guerra	e'lān ḥarb (m)	إعلان حرب
declarar (~ la guerra)	a'lan	أعلن
agresión (f)	'edwān (m)	عدوان
atacar (~ a un país)	hagam	هجم
invadir (vt)	eḥtall	إحتلّ
invasor (m)	moḥtell (m)	محتلّ
conquistador (m)	fāteḥ (m)	فاتح
defensa (f)	defā' (m)	دفاع
defender (vt)	dāfa'	دافع
defenderse (vr)	dāfa' 'an ...	دافع عن ...
enemigo (m)	'adeww (m)	عدوّ
adversario (m)	χeṣm (m)	خصم
enemigo (adj)	'adeww	عدوّ
estrategia (f)	estrateʒiya (f)	إستراتيجيّة
táctica (f)	taktīk (m)	تكتيك
orden (f)	amr (m)	أمر
comando (m)	amr (m)	أمر
ordenar (vt)	amar	أمر
misión (f)	mohemma (f)	مهمّة
secreto (adj)	serry	سرّي
batalla (f)	ma'raka (f)	معركة
combate (m)	'etāl (m)	قتال
ataque (m)	hogūm (m)	هجوم
asalto (m)	enqeḍāḍ (m)	إنقضاض
tomar por asalto	enqaḍḍ	إنقضّ
asedio (m), sitio (m)	ḥeṣār (m)	حصار
ofensiva (f)	hogūm (m)	هجوم
tomar la ofensiva	hagam	هجم
retirada (f)	enseḥāb (m)	إنسحاب
retirarse (vr)	ensaḥab	إنسحب
envolvimiento (m)	eḥāṭa (f)	إحاطة
cercar (vt)	aḥāṭ	أحاط
bombardeo (m)	'aṣf (m)	قصف
lanzar una bomba	asqaṭ qonbola	أسقط قنبلة
bombear (vt)	'aṣaf	قصف
explosión (f)	enfegār (m)	إنفجار
tiro (m), disparo (m)	ṭal'a (f)	طلقة
disparar (vi)	aṭlaq el nār	أطلق النار
tiro (m) (de artillería)	eṭlāq nār (m)	إطلاق نار
apuntar a ...	ṣawwab 'ala ...	صوّب على ...
encarar (apuntar)	ṣawwab	صوّب

alcanzar (el objetivo)	aṣāb el hadaf	أصاب الهدف
hundir (vt)	aɣra'	أغرق
brecha (f) (~ en el casco)	soqb (m)	ثقب
hundirse (vr)	ɣere'	غرق
frente (m)	gabha (f)	جبهة
evacuación (f)	eχlā' (m)	إخلاء
evacuar (vt)	aχla	أخلى
trinchera (f)	χondoq (m)	خندق
alambre (m) de púas	aslāk ʃā'eka (pl)	أسلاك شائكة
barrera (f) (~ antitanque)	ḥāgez (m)	حاجز
torre (f) de vigilancia	borg mora'ba (m)	برج مراقبة
hospital (m)	mostaʃfa 'askary (m)	مستشفى عسكري
herir (vt)	garaḥ	جرح
herida (f)	garḥ (m)	جرح
herido (m)	garīḥ (m)	جريح
recibir una herida	oṣīb bel garḥ	أصيب بالجرح
grave (herida)	χaṭīr	خطير

156. Las armas

arma (f)	asleḥa (pl)	أسلحة
arma (f) de fuego	asleḥa nāriya (pl)	أسلحة ناريّة
arma (f) blanca	asleḥa bayḍā' (pl)	أسلحة بيضاء
arma (f) química	asleḥa kemawiya (pl)	أسلحة كيماويّة
nuclear (adj)	nawawy	نوويّ
arma (f) nuclear	asleḥa nawawiya (pl)	أسلحة نوويّة
bomba (f)	qonbela (f)	قنبلة
bomba (f) atómica	qonbela nawawiya (f)	قنبلة نوويّة
pistola (f)	mosaddas (m)	مسدّس
fusil (m)	bondoqiya (f)	بندقيّة
metralleta (f)	mosaddas rasʃāʃ (m)	مسدّس رشّاش
ametralladora (f)	rasʃāʃ (m)	رشّاش
boca (f)	fawha (f)	فوهة
cañón (m) (del arma)	anbūba (f)	أنبوبة
calibre (m)	'eyār (m)	عيار
gatillo (m)	zanād (m)	زناد
alza (f)	moṣawweb (m)	مصوّب
cargador (m)	maχzan (m)	مخزن
culata (f)	'aqab el bondo'iya (m)	عقب البندقيّة
granada (f) de mano	qonbela yadawiya (f)	قنبلة يدويّة
explosivo (m)	mawād motafaggera (pl)	مواد متفجّرة
bala (f)	roṣāṣa (f)	رصاصة
cartucho (m)	χarṭūʃa (f)	خرطوشة
carga (f)	ḥaʃwa (f)	حشوة

pertrechos (m pl)	zaχīra (f)	ذخيرة
bombardero (m)	qazefet qanābel (f)	قاذفة قنابل
avión (m) de caza	ṭayāra muqātela (f)	طيّارة مقاتلة
helicóptero (m)	heliokobter (m)	هليكوبتر
antiaéreo (m)	madfaʿ moḍād lel ṭaʾerāṭ (m)	مدفع مضاد للطائرات
tanque (m)	dabbāba (f)	دبّابة
cañón (m) (de un tanque)	madfaʿ el dabbāba (m)	مدفع الدبّابة
artillería (f)	madfaʿiya (f)	مدفعيّة
cañón (m) (arma)	madfaʿ (m)	مدفع
dirigir (un misil, etc.)	ṣawwab	صوّب
mortero (m)	hawn (m)	هاون
bomba (f) de mortero	qonbela hawn (f)	قنبلة هاون
obús (m)	qazīfa (f)	قذيفة
trozo (m) de obús	ʃazya (f)	شظية
submarino (m)	ɣawwāṣa (f)	غوّاصة
torpedo (m)	ṭorbīd (m)	طوربيد
misil (m)	ṣarūχ (m)	صاروخ
cargar (pistola)	ʿammar	عمّر
tirar (vi)	ḍarab bel nār	ضرب بالنار
apuntar a ...	ṣawwab ʿala ...	صوّب على ...
bayoneta (f)	ḥerba (f)	حربة
espada (f) (duelo a ~)	seyf zu ḥaddeyn (m)	سيف ذو حدّين
sable (m)	seyf monḥany (m)	سيف منحني
lanza (f)	remḥ (m)	رمح
arco (m)	qose (m)	قوس
flecha (f)	sahm (m)	سهم
mosquete (m)	musket (m)	مسكيت
ballesta (f)	qose mostaʿraḍ (m)	قوس مستعرض

157. Los pueblos antiguos

primitivo (adj)	bedāʾy	بدائي
prehistórico (adj)	ma qabl el tarīχ	ما قبل التاريخ
antiguo (adj)	ʾadīm	قديم
Edad (f) de Piedra	el ʿaṣr el ḥagary (m)	العصر الحجري
Edad (f) de Bronce	el ʿaṣr el bronzy (m)	العصر البرونزي
Edad (f) de Hielo	el ʿaṣr el galīdy (m)	العصر الجليدي
tribu (f)	qabīla (f)	قبيلة
caníbal (m)	ʾākel loḥūm el baʃar (m)	آكل لحوم البشر
cazador (m)	ṣayād (m)	صيّاد
cazar (vi, vt)	eṣṭād	إصطاد
mamut (m)	mamūθ (m)	ماموث
caverna (f)	kahf (m)	كهف
fuego (m)	nār (f)	نار
hoguera (f)	nār moχayem (m)	نار مخيّم

pintura (f) rupestre	rasm fel kahf (m)	رسم في الكهف
herramienta (f), útil (m)	adah (f)	أداة
lanza (f)	remḥ (m)	رمح
hacha (f) de piedra	fa's ḥagary (m)	فأس حجري
estar en guerra	ḥārab	حارب
domesticar (vt)	esta'nas	استئنس
ídolo (m)	ṣanam (m)	صنم
adorar (vt)	'abad	عبد
superstición (f)	χorāfa (f)	خرافة
rito (m)	mansak (m)	منسك
evolución (f)	taṭṭawwor (m)	تطوّر
desarrollo (m)	nomoww (m)	نموّ
desaparición (f)	enqerāḍ (m)	إنقراض
adaptarse (vr)	takayaf (ma')	تكيّف (مع)
arqueología (f)	'elm el 'āsār (m)	علم الآثار
arqueólogo (m)	'ālem āsār (m)	عالم آثار
arqueológico (adj)	asary	أثري
sitio (m) de excavación	mawqe' ḥafr (m)	موّقع حفر
excavaciones (f pl)	tanqīb (m)	تنقيب
hallazgo (m)	ekteʃāf (m)	إكتشاف
fragmento (m)	'eṭ'a (f)	قطعة

158. La Edad Media

pueblo (m)	ʃa'b (m)	شعب
pueblos (m pl)	ʃo'ūb (pl)	شعوب
tribu (f)	qabīla (f)	قبيلة
tribus (f pl)	qabā'el (pl)	قبائل
bárbaros (m pl)	el barabra (pl)	البرابرة
galos (m pl)	el ɣaliyūn (pl)	الغاليّون
godos (m pl)	el qūṭiyūn (pl)	القوطيون
eslavos (m pl)	el selāf (pl)	السلاف
vikingos (m pl)	el viking (pl)	الفايكينج
romanos (m pl)	el romān (pl)	الرومان
romano (adj)	romāny	روماني
bizantinos (m pl)	bizanṭiyūn (pl)	بيزنطيون
Bizancio (m)	bīzanṭa (f)	بيزنطة
bizantino (adj)	bīzanṭy	بيزنطي
emperador (m)	embraṭore (m)	إمبراطور
jefe (m)	za'īm (m)	زعيم
poderoso (adj)	gabbār	جبّار
rey (m)	malek (m)	ملك
gobernador (m)	ḥākem (m)	حاكم
caballero (m)	fāres (m)	فارس
señor (m) feudal	eqṭā'y (m)	إقطاعي

feudal (adj)	eqṭāʿy	إقطاعي
vasallo (m)	ḥākem tābeʿ (m)	حاكم تابع
duque (m)	dūʾ (m)	دوق
conde (m)	earl (m)	ايرل
barón (m)	barūn (m)	بارون
obispo (m)	asqof (m)	أسقف
armadura (f)	derʿ (m)	درع
escudo (m)	derʿ (m)	درع
espada (f) (danza de ~s)	seyf (m)	سيف
visera (f)	ḥaffa amamiya lel χoza (f)	حافة أماميّة للخوذة
cota (f) de malla	derʿ el zard (m)	درع الزرد
cruzada (f)	ḥamla ṣalībiya (f)	حملة صليبيّة
cruzado (m)	ṣalīby (m)	صليبي
territorio (m)	arḍ (f)	أرض
atacar (~ a un país)	hagam	هجم
conquistar (vt)	fataḥ	فتح
ocupar (invadir)	eḥtall	إحتلّ
asedio (m), sitio (m)	ḥeṣār (m)	حصار
sitiado (adj)	moḥāṣar	محاصر
asediar, sitiar (vt)	ḥāṣar	حاصر
inquisición (f)	maḥākem el taftīʃ (pl)	محاكم التفتيش
inquisidor (m)	mofatteʃ (m)	مفتّش
tortura (f)	taʿzīb (m)	تعذيب
cruel (adj)	waḥʃy	وحشي
hereje (m)	moharṭeq (m)	مهرطق
herejía (f)	harṭaʾa (f)	هرطقة
navegación (f) marítima	el safar bel baḥr (m)	السفر بالبحر
pirata (m)	ʾorṣān (m)	قرصان
piratería (f)	ʾarṣana (f)	قرصنة
abordaje (m)	mohagmet safīna (f)	مهاجمة سفينة
botín (m)	γanīma (f)	غنيمة
tesoros (m pl)	konūz (pl)	كنوز
descubrimiento (m)	ekteʃāf (m)	إكتشاف
descubrir (tierras nuevas)	ektaʃaf	إكتشف
expedición (f)	beʿsa (f)	بعثة
mosquetero (m)	fāres (m)	فارس
cardenal (m)	kardinal (m)	كاردينال
heráldica (f)	ʃeʿārāt el nabāla (pl)	شعارات النبالة
heráldico (adj)	χāṣṣ be ʃeʿarāt el nebāla	خاصّ بشعارات النبالة

159. El líder. El jefe. Las autoridades

rey (m)	malek (m)	ملك
reina (f)	maleka (f)	ملكة
real (adj)	malaky	ملكي

reino (m)	mamlaka (f)	مملكة
príncipe (m)	amīr (m)	أمير
princesa (f)	amīra (f)	أميرة
presidente (m)	ra'īs (m)	رئيس
vicepresidente (m)	nā'eb el ra'īs (m)	نائب الرئيس
senador (m)	'odw magles el ʃoyūχ (m)	عضو مجلس الشيوخ
monarca (m)	'āhel (m)	عاهل
gobernador (m)	ḥākem (m)	حاكم
dictador (m)	dektatore (m)	ديكتاتور
tirano (m)	ṭāɣeya (f)	طاغية
magnate (m)	ra'smāly kebīr (m)	رأسمالي كبير
director (m)	modīr (m)	مدير
jefe (m)	ra'īs (m)	رئيس
gerente (m)	modīr (m)	مدير
amo (m)	ra'īs (m)	رئيس
dueño (m)	ṣāḥeb (m)	صاحب
jefe (m), líder (m)	za'īm (m)	زعيم
jefe (m) (~ de delegación)	ra'īs (m)	رئيس
autoridades (f pl)	solṭāt (pl)	سلطات
superiores (m pl)	ro'asā' (pl)	رؤساء
gobernador (m)	muḥāfeẓ (m)	محافظ
cónsul (m)	qonṣol (m)	قنصل
diplomático (m)	deblomāsy (m)	دبلوماسي
alcalde (m)	ra'īs el baladiya (m)	رئيس البلديّة
sheriff (m)	ʃerīf (m)	شريف
emperador (m)	embraṭore (m)	إمبراطور
zar (m)	qayṣar (m)	قيصر
faraón (m)	fer'one (m)	فرعون
jan (m), kan (m)	χān (m)	خان

160. Violar la ley. Los criminales. Unidad 1

bandido (m)	qāṭe' ṭarī' (m)	قاطع طريق
crimen (m)	garīma (f)	جريمة
criminal (m)	mogrem (m)	مجرم
ladrón (m)	sāre' (m)	سارق
robar (vt)	sara'	سرق
robo (m)	ser'a (f)	سرقة
secuestrar (vt)	χaṭaf	خطف
secuestro (m)	χaṭf (m)	خطف
secuestrador (m)	χāṭef (m)	خاطف
rescate (m)	fedya (f)	فدية
exigir un rescate	ṭalab fedya	طلب فدية
robar (vt)	nahab	نهب
robo (m)	nahb (m)	نهب

atracador (m)	nahhāb (m)	نهّاب
extorsionar (vt)	balṭag	بلطج
extorsionista (m)	balṭagy (m)	بلطجي
extorsión (f)	balṭaga (f)	بلطجة
matar, asesinar (vt)	ʾatal	قتل
asesinato (m)	ʾatl (m)	قتل
asesino (m)	qātel (m)	قاتل
tiro (m), disparo (m)	ṭalʾet nār (f)	طلقة نار
disparar (vi)	aṭlaq el nār	أطلق النار
matar (a tiros)	ʾatal bel roṣāṣ	قتل بالرصاص
tirar (vi)	ḍarab bel nār	ضرب بالنار
tiroteo (m)	ḍarb nār (m)	ضرب نار
incidente (m)	ḥādes (m)	حادث
pelea (f)	χenāʾa (f)	خناقة
¡Socorro!	sāʿidni	ساعدني!
víctima (f)	ḍaḥiya (f)	ضحيّة
perjudicar (vt)	χarrab	خرّب
daño (m)	χesāra (f)	خسارة
cadáver (m)	gossa (f)	جثّة
grave (un delito ~)	χaṭīra	خطيرة
atacar (vt)	hagam	هجم
pegar (golpear)	ḍarab	ضرب
apporear (vt)	ḍarab	ضرب
quitar (robar)	salab	سلب
acuchillar (vt)	ṭaʿan ḥatta el mote	طعن حتّى الموت
mutilar (vt)	ʃawwah	شوّه
herir (vt)	garaḥ	جرح
chantaje (m)	ebtezāz (m)	إبتزاز
hacer chantaje	ebtazz	إبتزّ
chantajista (m)	mobtazz (m)	مبتزّ
extorsión (f)	balṭaga (f)	بلطجة
extorsionador (m)	mobtazz (m)	مبتزّ
gángster (m)	ragol ʿeṣāba (m)	رجل عصابة
mafia (f)	mafia (f)	مافيا
carterista (m)	nasʃāl (m)	نشّال
ladrón (m) de viviendas	leṣṣ beyūt (m)	لص بيوت
contrabandismo (m)	tahrīb (m)	تهريب
contrabandista (m)	moharreb (m)	مهرّب
falsificación (f)	tazwīr (m)	تزوير
falsificar (vt)	zawwar	زوّر
falso (falsificado)	mozawwara	مزوّرة

161. Violar la ley. Los criminales. Unidad 2

violación (f)	eɣteṣāb (m)	إغتصاب
violar (vt)	eɣtaṣab	إغتصب

violador (m)	moɣtaṣeb (m)	مغتصب
maniaco (m)	mahwūs (m)	مهووس
prostituta (f)	mommos (f)	مومّس
prostitución (f)	daʿāra (f)	دعارة
chulo (m), proxeneta (m)	qawwād (m)	قوّاد
drogadicto (m)	modmen moχaddarāt (m)	مدمن مخدّرات
narcotraficante (m)	tāger moχaddarāt (m)	تاجر مخدّرات
hacer explotar	faggar	فجّر
explosión (f)	enfegār (m)	إنفجار
incendiar (vt)	aʃʿal el nār	أشعل النار
incendiario (m)	moʃʿel ḥarīq ʿan ʿamd (m)	مشعل حريق عن عمد
terrorismo (m)	erhāb (m)	إرهاب
terrorista (m)	erhāby (m)	إرهابي
rehén (m)	rahīna (m)	رهينة
estafar (vt)	eḥtāl	إحتال
estafa (f)	eḥteyāl (m)	إحتيال
estafador (m)	moḥtāl (m)	محتال
sobornar (vt)	raʃa	رشا
soborno (m) (delito)	erteʃāʾ (m)	إرتشاء
soborno (m) (dinero, etc.)	raʃwa (f)	رشوة
veneno (m)	semm (m)	سمّ
envenenar (vt)	sammem	سمّم
envenenarse (vr)	sammem nafsoh	سمّم نفسه
suicidio (m)	enteḥār (m)	إنتحار
suicida (m, f)	montaḥer (m)	منتحر
amenazar (vt)	hadded	هدّد
amenaza (f)	tahdīd (m)	تهديد
atentar (vi)	ḥāwel eɣteyāl	حاول إغتيال
atentado (m)	moḥawlet eɣteyāl (f)	محاولة إغتيال
robar (un coche)	saraʾ	سرق
secuestrar (un avión)	eχtaṭaf	إختطف
venganza (f)	enteqām (m)	إنتقام
vengar (vt)	entaqam	إنتقم
torturar (vt)	ʿazzeb	عذّب
tortura (f)	taʿzīb (m)	تعذيب
atormentar (vt)	ʿazzeb	عذّب
pirata (m)	ʾorṣān (m)	قرصان
gamberro (m)	wabaʃ (m)	وبش
armado (adj)	mosallaḥ	مسلّح
violencia (f)	ʿonf (m)	عنف
ilegal (adj)	meʃ qanūniy	مش قانونيّ
espionaje (m)	tagassas (m)	تجسّس
espiar (vi, vt)	tagassas	تجسّس

162. La policía. La ley. Unidad 1

justicia (f)	qaḍā' (m)	قضاء
tribunal (m)	maḥkama (f)	محكمة
juez (m)	qāḍy (m)	قاضي
jurados (m pl)	moḥallafīn (pl)	محلّفين
tribunal (m) de jurados	qaḍā' el muḥallafīn (m)	قضاء المحلّفين
juzgar (vt)	ḥakam	حكم
abogado (m)	muḥāmy (m)	محامي
acusado (m)	modda'y 'aleyh (m)	مدّعي عليه
banquillo (m) de los acusados	'afaṣ el ettehām (m)	قفص الإتّهام
inculpación (f)	ettehām (m)	إتّهام
inculpado (m)	mottaham (m)	متّهم
sentencia (f)	ḥokm (m)	حكم
sentenciar (vt)	ḥakam	حكم
culpable (m)	gāny (m)	جاني
castigar (vt)	'āqab	عاقب
castigo (m)	'eqāb (m)	عقاب
multa (f)	ɣarāma (f)	غرامة
cadena (f) perpetua	segn mada el ḥayah (m)	سجن مدى الحياة
pena (f) de muerte	'oqūbet 'e'dām (f)	عقوبة إعدام
silla (f) eléctrica	el korsy el kaharabā'y (m)	الكرسي الكهربائي
horca (f)	maʃna'a (f)	مشنقة
ejecutar (vt)	a'dam	أعدم
ejecución (f)	e'dām (m)	إعدام
prisión (f)	segn (m)	سجن
celda (f)	zenzāna (f)	زنزانة
escolta (f)	ḥerāsa (f)	حراسة
guardia (m) de prisiones	ḥāres segn (m)	حارس سجن
prisionero (m)	sagīn (m)	سجين
esposas (f pl)	kalabʃāt (pl)	كلابشات
esposar (vt)	kalbeʃ	كلبش
escape (m)	horūb men el segn (m)	هروب من السجن
escaparse (vr)	hereb	هرب
desaparecer (vi)	eχtafa	إختفى
liberar (vt)	aχla sabīl	أخلى سبيل
amnistía (f)	'afw 'ām (m)	عفو عام
policía (f) (~ nacional)	ʃorṭa (f)	شرطة
policía (m)	ʃorṭy (m)	شرطي
comisaría (f) de policía	qesm ʃorṭa (m)	قسم شرطة
porra (f)	'aṣāya maṭṭāṭiya (f)	عصاية مطّاطية
megáfono (m)	bū' (m)	بوق
coche (m) patrulla	'arabiyet dawrīāt (f)	عربيّة دوريات

sirena (f)	sarīna (f)	سرينة
poner la sirena	walla' el sarīna	ولّع السرينة
sonido (m) de sirena	ṣote sarīna (m)	صوت سرينة
escena (f) del delito	masraḥ el garīma (m)	مسرح الجريمة
testigo (m)	ʃāhed (m)	شاهد
libertad (f)	ḥorriya (f)	حرّية
cómplice (m)	ʃerīk fel garīma (m)	شريك في الجريمة
escapar de ...	hereb	هرب
rastro (m)	asar (m)	أثر

163. La policía. La ley. Unidad 2

búsqueda (f)	baḥs (m)	بحث
buscar (~ el criminal)	dawwar 'ala	دوّر على
sospecha (f)	ʃobha (f)	شبهة
sospechoso (adj)	maʃbūh	مشبوه
parar (~ en la calle)	awqaf	أوقّف
retener (vt)	e'taqal	إعتقل
causa (f) (~ penal)	'aḍiya (f)	قضيّة
investigación (f)	taḥ'ī' (m)	تحقيق
detective (m)	moḥaqqeq (m)	محقّق
investigador (m)	mofatteʃ (m)	مفتّش
versión (f)	rewāya (f)	رواية
motivo (m)	dāfe' (m)	دافع
interrogatorio (m)	estegwāb (m)	إستجواب
interrogar (vt)	estagweb	إستجوّب
interrogar (al testigo)	estanṭa'	إستنطق
control (m) (de vehículos, etc.)	faḥṣ (m)	فحص
redada (f)	gam' (m)	جمع
registro (m) (~ de la casa)	taftīʃ (m)	تفتيش
persecución (f)	moṭarda (f)	مطاردة
perseguir (vt)	ṭārad	طارد
rastrear (~ al criminal)	tatabba'	تتبّع
arresto (m)	e'teqāl (m)	إعتقال
arrestar (vt)	e'taqal	اعتقل
capturar (vt)	'abaḍ 'ala	قبض على
captura (f)	'abḍ (m)	قبض
documento (m)	wasīqa (f)	وثيقة
prueba (f)	dalīl (m)	دليل
probar (vt)	asbat	أثبت
huella (f) (pisada)	baṣma (f)	بصّمة
huellas (f pl) digitales	baṣamāt el aṣābe' (pl)	بصمات الأصابع
elemento (m) de prueba	'eṭ'a men el adella (f)	قطعة من الأدلّة
coartada (f)	ḥegget ɣeyāb (f)	حجّة غياب
inocente (no culpable)	barī'	بريء
injusticia (f)	ẓolm (m)	ظلم
injusto (adj)	meʃ 'ādel	مش عادل

criminal (adj)	mogrem	مجرم
confiscar (vt)	ṣādar	صادر
narcótico (m)	moχaddarāt (pl)	مخدّرات
arma (f)	selāḥ (m)	سلاح
desarmar (vt)	garrad men el selāḥ	جرّد من السلاح
ordenar (vt)	amar	أمر
desaparecer (vi)	eχtafa	إختفى
ley (f)	qanūn (m)	قانون
legal (adj)	qanūny	قانوني
ilegal (adj)	meʃ qanūny	مش قانوني
responsabilidad (f)	mas'oliya (f)	مسؤوليّة
responsable (adj)	mas'ūl (m)	مسؤول

LA NATURALEZA

La tierra. Unidad 1

164. El espacio

cosmos (m)	faḍā' (m)	فضاء
espacial, cósmico (adj)	faḍā'y	فضائي
espacio (m) cósmico	el faḍā' el χāregy (m)	الفضاء الخارجي
mundo (m)	ʿālam (m)	عالم
universo (m)	el kōn (m)	الكون
galaxia (f)	el magarra (f)	المجرّة
estrella (f)	negm (m)	نجم
constelación (f)	borg (m)	برج
planeta (m)	kawwkab (m)	كوكب
satélite (m)	'amar ṣenāʿy (m)	قمر صناعي
meteorito (m)	nayzek (m)	نيّزك
cometa (m)	mozannab (m)	مذنّب
asteroide (m)	kowaykeb (m)	كويكب
órbita (f)	madār (m)	مدار
girar (vi)	dār	دار
atmósfera (f)	el ɣelāf el gawwy (m)	الغلاف الجوّي
Sol (m)	el ʃams (f)	الشمس
sistema (m) solar	el magmūʿa el ʃamsiya (f)	المجموعة الشمسيّة
eclipse (m) de Sol	kosūf el ʃams (m)	كسوف الشمس
Tierra (f)	el arḍ (f)	الأرض
Luna (f)	el 'amar (m)	القمر
Marte (m)	el marrīχ (m)	المرّيخ
Venus (f)	el zahra (f)	الزهرة
Júpiter (m)	el moʃtary (m)	المشتري
Saturno (m)	zoḥḥol (m)	زحل
Mercurio (m)	ʿaṭāred (m)	عطارد
Urano (m)	uranus (m)	اورانوس
Neptuno (m)	nibtūn (m)	نبتون
Plutón (m)	bluto (m)	بلوتو
la Vía Láctea	darb el tebbāna (m)	درب التبّانة
la Osa Mayor	el dobb el akbar (m)	الدب الأكبر
la Estrella Polar	negm el 'oṭb (m)	نجم القطب
marciano (m)	sāken el marrīχ (m)	ساكن المرّيخ
extraterrestre (m)	faḍā'y (m)	فضائي

planetícola (m)	kā'en faḍā'y (m)	كائن فضائي
platillo (m) volante	ṭaba' ṭā'er (m)	طبق طائر
nave (f) espacial	markaba faḍa'iya (f)	مركبة فضائية
estación (f) orbital	maḥaṭṭet faḍā' (f)	محطّة فضاء
despegue (m)	enṭelāq (m)	إنطلاق
motor (m)	motore (m)	موتور
tobera (f)	manfaθ (m)	منفث
combustible (m)	woqūd (m)	وقود
carlinga (f)	kabīna (f)	كابينة
antena (f)	hawā'y (m)	هوائي
ventana (f)	kowwa mostadīra (f)	كوّة مستديرة
batería (f) solar	lawḥa ʃamsiya (f)	لوحة شمسيّة
escafandra (f)	badlet el faḍā' (f)	بدّلة الفضاء
ingravidez (f)	en'edām wazn (m)	إنعدام الوزن
oxígeno (m)	oksiʒīn (m)	أوكسجين
atraque (m)	rasw (m)	رسو
realizar el atraque	rasa	رسى
observatorio (m)	marṣad (m)	مرصد
telescopio (m)	teleskop (m)	تلسكوب
observar (vt)	rāqab	راقب
explorar (~ el universo)	estakʃef	إستكشف

165. La tierra

Tierra (f)	el arḍ (f)	الأرض
globo (m) terrestre	el kora el arḍiya (f)	الكرة الأرضيّة
planeta (m)	kawwkab (m)	كوّكب
atmósfera (f)	el ɣelāf el gawwy (m)	الغلاف الجوّي
geografía (f)	goɣrafia (f)	جغرافيا
naturaleza (f)	ṭabee'a (f)	طبيعة
globo (m) terráqueo	namūzag lel kora el arḍiya (m)	نموذج للكرة الأرضيّة
mapa (m)	χarīṭa (f)	خريطة
atlas (m)	aṭlas (m)	أطلس
Europa (f)	orobba (f)	أوروبّا
Asia (f)	asya (f)	آسيا
África (f)	afreqia (f)	أفريقيا
Australia (f)	ostorālya (f)	أستراليا
América (f)	amrīka (f)	أمريكا
América (f) del Norte	amrīka el ʃamaliya (f)	أمريكا الشماليّة
América (f) del Sur	amrīka el ganūbiya (f)	أمريكا الجنوبيّة
Antártida (f)	el qoṭb el ganūby (m)	القطب الجنوبي
Ártico (m)	el qoṭb el ʃamāly (m)	القطب الشمالي

166. Los puntos cardinales

norte (m)	ʃemāl (m)	شمال
al norte	lel ʃamāl	للشمال
en el norte	fel ʃamāl	في الشمال
del norte (adj)	ʃamāly	شمالي
sur (m)	ganūb (m)	جنوب
al sur	lel ganūb	للجنوب
en el sur	fel ganūb	في الجنوب
del sur (adj)	ganūby	جنوبي
oeste (m)	ɣarb (m)	غرب
al oeste	lel ɣarb	للغرب
en el oeste	fel ɣarb	في الغرب
del oeste (adj)	ɣarby	غربي
este (m)	ʃarʾ (m)	شرق
al este	lel ʃarʾ	للشرق
en el este	fel ʃarʾ	في الشرق
del este (adj)	ʃarʾy	شرقي

167. El mar. El océano

mar (m)	baḥr (m)	بحر
océano (m)	moḥīṭ (m)	محيط
golfo (m)	χalīg (m)	خليج
estrecho (m)	maḍīq (m)	مضيق
tierra (f) firme	barr (m)	برّ
continente (m)	qārra (f)	قارّة
isla (f)	gezīra (f)	جزيرة
península (f)	ʃebh gezeyra (f)	شبه جزيرة
archipiélago (m)	magmūʿet gozor (f)	مجموعة جزر
bahía (f)	χalīg (m)	خليج
ensenada, bahía (f)	mināʾ (m)	ميناء
laguna (f)	lagūn (m)	لاجون
cabo (m)	raʾs (m)	رأس
atolón (m)	gezīra morganiya estwaʾiya (f)	جزيرة مرجانيّة إستوائيّة
arrecife (m)	ʃoʿāb (pl)	شعاب
coral (m)	morgān (m)	مرجان
arrecife (m) de coral	ʃoʿāb morganiya (pl)	شعاب مرجانية
profundo (adj)	ʿamīq	عميق
profundidad (f)	ʿomq (m)	عمق
abismo (m)	el ʿomq el saḥīq (m)	العمق السحيق
fosa (f) oceánica	χondoq (m)	خندق
corriente (f)	tayār (m)	تيّار
bañar (rodear)	ḥāṭ	حاط
orilla (f)	sāḥel (m)	ساحل

costa (f)	sāḥel (m)	ساحل
flujo (m)	tayār (m)	تيّار
reflujo (m)	gozor (m)	جزر
banco (m) de arena	meyāh ḍaḥla (f)	مياه ضحلة
fondo (m)	qāʿ (m)	قاع
ola (f)	mouga (f)	موجة
cresta (f) de la ola	qemma (f)	قمّة
espuma (f)	zabad el baḥr (m)	زبد البحر
tempestad (f)	ʿāṣefa (f)	عاصفة
huracán (m)	eʿṣār (m)	إعصار
tsunami (m)	tsunāmy (m)	تسونامي
bonanza (f)	hodūʾ (m)	هدوء
calmo, tranquilo	hady	هادئ
polo (m)	ʾoṭb (m)	قطب
polar (adj)	ʾoṭby	قطبي
latitud (f)	ʿarḍ (m)	عرض
longitud (f)	χaṭṭ ṭūl (m)	خطّ طول
paralelo (m)	motawāz (m)	متواز
ecuador (m)	χaṭṭ el estewāʾ (m)	خطّ الإستواء
cielo (m)	samāʾ (f)	سماء
horizonte (m)	ofoq (m)	أفق
aire (m)	hawāʾ (m)	هواء
faro (m)	manāra (f)	منارة
bucear (vi)	ɣāṣ	غاص
hundirse (vr)	ɣereʾ	غرق
tesoros (m pl)	konūz (pl)	كنوز

168. Las montañas

montaña (f)	gabal (m)	جبل
cadena (f) de montañas	selselet gebāl (f)	سلسلة جبال
cresta (f) de montañas	notūʾ el gabal (m)	نتوء الجبل
cima (f)	qemma (f)	قمّة
pico (m)	qemma (f)	قمّة
pie (m)	asfal (m)	أسفل
cuesta (f)	monḥadar (m)	منحدر
volcán (m)	borkān (m)	بركان
volcán (m) activo	borkān naʃeṭ (m)	بركان نشط
volcán (m) apagado	borkān χāmed (m)	بركان خامد
erupción (f)	sawarān (m)	ثوّران
cráter (m)	fawhet el borkān (f)	فوهة البركان
magma (m)	magma (f)	ماجما
lava (f)	ḥomam borkāniya (pl)	حمم بركانية
fundido (lava ~a)	monṣahera	منصهرة
cañón (m)	wādy ḍayeʾ (m)	وادي ضيّق

desfiladero (m)	mamarr ḍaye' (m)	ممرّ ضيّق
grieta (f)	ʃa'' (m)	شقّ
precipicio (m)	hāwya (f)	هاوية
puerto (m) (paso)	mamarr gabaly (m)	ممرّ جبلي
meseta (f)	haḍaba (f)	هضبة
roca (f)	garf (m)	جرف
colina (f)	tall (m)	تلّ
glaciar (m)	nahr galīdy (m)	نهر جليدي
cascada (f)	ʃallāl (m)	شلّال
geiser (m)	nabʿ maya ḥāra (m)	نبع ميّة حارة
lago (m)	boḥeyra (f)	بحيرة
llanura (f)	sahl (m)	سهل
paisaje (m)	manzar ṭabeeʿy (m)	منظر طبيعي
eco (m)	ṣada (m)	صدى
alpinista (m)	motasalleq el gebāl (m)	متسلّق الجبال
escalador (m)	motasalleq ṣoχūr (m)	متسلّق صخور
conquistar (vt)	taɣallab ʿala	تغلّب على
ascensión (f)	tasalloq (m)	تسلّق

169. Los ríos

río (m)	nahr (m)	نهر
manantial (m)	ʿeyn (m)	عين
lecho (m) (curso de agua)	magra el nahr (m)	مجرى النهر
cuenca (f) fluvial	ḥoḍe (m)	حوض
desembocar en ...	ṣabb fe ...	صبّ في...
afluente (m)	rāfed (m)	رافد
ribera (f)	ḍaffa (f)	ضفّة
corriente (f)	tayār (m)	تيّار
río abajo (adv)	maʿ ettigāh magra el nahr	مع إتّجاه مجرى النهر
río arriba (adv)	ḍed el tayār	ضد التيار
inundación (f)	ɣamr (m)	غمر
riada (f)	fayaḍān (m)	فيضان
desbordarse (vr)	fāḍ	فاض
inundar (vt)	ɣamar	غمر
bajo (m) arenoso	meyāh ḍaḥla (f)	مياه ضحلة
rápido (m)	monḥadar el nahr (m)	منحدر النهر
presa (f)	sadd (m)	سدّ
canal (m)	qanah (f)	قناة
lago (m) artificiale	χazzān mā'y (m)	خزّان مائي
esclusa (f)	bawwāba qanṭara (f)	بوّابة قنطرة
cuerpo (m) de agua	berka (f)	بركة
pantano (m)	mostanqaʿ (m)	مستنقع
ciénaga (f)	mostanqaʿ (m)	مستنقع

remolino (m)	dawwāma (f)	دوّامة
arroyo (m)	gadwal (m)	جدوّل
potable (adj)	el ʃorb	الشرب
dulce (agua ~)	ʿazb	عذب
hielo (m)	galīd (m)	جليد
helarse (el lago, etc.)	etgammed	إتجمّد

170. El bosque

bosque (m)	ɣāba (f)	غابة
de bosque (adj)	ɣāba	غابة
espesura (f)	ɣāba kasīfa (f)	غابة كثيفة
bosquecillo (m)	bostān (m)	بستان
claro (m)	ezālet el ɣābāt (f)	إزالة الغابات
maleza (f)	agama (f)	أجمة
matorral (m)	arāḍy el ʃogayrāt (pl)	أراضي الشجيرات
senda (f)	mamarr (m)	ممرّ
barranco (m)	wādy ḍaye' (m)	وادي ضيّق
árbol (m)	ʃagara (f)	شجرة
hoja (f)	wara'a (f)	ورقة
follaje (m)	wara' (m)	ورق
caída (f) de hojas	tasā'oṭ el awrā' (m)	تساقط الأوراق
caer (las hojas)	saqaṭ	سقط
cima (f)	ra's (m)	رأس
rama (f)	ɣoṣn (m)	غصن
rama (f) (gruesa)	ɣoṣn ra'īsy (m)	غصن رئيسي
brote (m)	borʿom (m)	برعم
aguja (f)	ʃawka (f)	شوكة
piña (f)	kūz el ṣnowbar (m)	كوز الصنوبر
agujero (m)	gofe (m)	جوف
nido (m)	ʿeʃ (m)	عشّ
tronco (m)	gezʿ (m)	جذع
raíz (f)	gezr (m)	جذر
corteza (f)	leḥā' (m)	لحاء
musgo (m)	ṭaḥlab (m)	طحلب
extirpar (vt)	eqtalaʿ	إقتلع
talar (vt)	'aṭṭaʿ	قطّع
deforestar (vt)	azāl el ɣabāt	أزال الغابات
tocón (m)	gezʿ el ʃagara (m)	جذع الشجرة
hoguera (f)	nār moχayem (m)	نار مخيّم
incendio (m) forestal	ḥarī' ɣāba (m)	حريق غابة
apagar (~ el incendio)	ṭaffa	طفّى
guarda (m) forestal	ḥāres el ɣāba (m)	حارس الغابة

protección (f)	ḥemāya (f)	حماية
proteger (vt)	ḥama	حمى
cazador (m) furtivo	sāre' el ṣeyd (m)	سارق الصيد
cepo (m)	maṣyada (f)	مصيّدة
recoger (setas, bayas)	gamma'	جمّع
perderse (vr)	tāh	تاه

171. Los recursos naturales

recursos (m pl) naturales	sarawāt ṭabi'iya (pl)	ثروات طبيعيّة
recursos (m pl) subterráneos	ma'āden (pl)	معادن
depósitos (m pl)	rawāseb (pl)	رواسب
yacimiento (m)	ḥaql (m)	حقل
extraer (vt)	estaχrag	إستخرج
extracción (f)	esteχrāg (m)	إستخراج
mena (f)	χām (m)	خام
mina (f)	mangam (m)	منجم
pozo (m) de mina	mangam (m)	منجم
minero (m)	'āmel mangam (m)	عامل منجم
gas (m)	ɣāz (m)	غاز
gasoducto (m)	χaṭṭ anabīb ɣāz (m)	خطّ أنابيب غاز
petróleo (m)	nafṭ (m)	نفط
oleoducto (m)	anabīb el nafṭ (pl)	أنابيب النفط
pozo (m) de petróleo	bīr el nafṭ (m)	بير النفط
torre (f) de sondeo	ḥaffāra (f)	حفّارة
petrolero (m)	nāqelet betrūl (f)	ناقلة بترول
arena (f)	raml (m)	رمل
caliza (f)	ḥagar el kals (m)	حجر الكلس
grava (f)	ḥaṣa (m)	حصى
turba (f)	χaθ faḥm nabāty (m)	خث فحم نباتي
arcilla (f)	ṭīn (m)	طين
carbón (m)	faḥm (m)	فحم
hierro (m)	ḥadīd (m)	حديد
oro (m)	dahab (m)	ذهب
plata (f)	faḍḍa (f)	فضّة
níquel (m)	nikel (m)	نيكل
cobre (m)	neḥās (m)	نحاس
zinc (m)	zink (m)	زنك
manganeso (m)	manganīz (m)	منجنيز
mercurio (m)	ze'baq (m)	زئبق
plomo (m)	roṣāṣ (m)	رصاص
mineral (m)	ma'dan (m)	معدن
cristal (m)	kristāl (m)	كريستال
mármol (m)	roχām (m)	رخام
uranio (m)	yuranuim (m)	يورانيوم

La tierra. Unidad 2

172. El tiempo

tiempo (m)	ṭa'ṣ (m)	طقس
previsión (f) del tiempo	naʃra gawiya (f)	نشرة جويّة
temperatura (f)	ḥarāra (f)	حرارة
termómetro (m)	termometr (m)	ترمومتر
barómetro (m)	barometr (m)	بارومتر
húmedo (adj)	roṭob	رطب
humedad (f)	roṭūba (f)	رطوبة
bochorno (m)	ḥarāra (f)	حرارة
tórrido (adj)	ḥarr	حارّ
hace mucho calor	el gaww ḥarr	الجوّ حرّ
hace calor (templado)	el gaww dafa	الجوّ دفا
templado (adj)	dāfe'	دافئ
hace frío	el gaww bāred	الجوّ بارد
frío (adj)	bāred	بارد
sol (m)	ʃams (f)	شمس
brillar (vi)	nawwar	نوّر
soleado (un día ~)	moʃmes	مشمس
elevarse (el sol)	ʃara'	شرق
ponerse (vr)	ɣarab	غرب
nube (f)	saḥāba (f)	سحابة
nuboso (adj)	meɣayem	مغيّم
nubarrón (m)	saḥābet maṭar (f)	سحابة مطر
nublado (adj)	meɣayem	مغيّم
lluvia (f)	maṭar (m)	مطر
está lloviendo	el donia betmaṭṭar	الدنيا بتمطّر
lluvioso (adj)	momṭer	ممطر
lloviznar (vi)	maṭṭaret razāz	مطّرت رذاذ
aguacero (m)	maṭar monhamer (f)	مطر منهمر
chaparrón (m)	maṭar ɣazīr (m)	مطر غزير
fuerte (la lluvia ~)	ʃedīd	شديد
charco (m)	berka (f)	بركة
mojarse (vr)	ettbal	إتّبل
niebla (f)	ʃabbūra (f)	شبّورة
nebuloso (adj)	fih ʃabbūra	فيه شبّورة
nieve (f)	talg (m)	تلج
está nevando	fih talg	فيه تلج

173. Los eventos climáticos severos. Los desastres naturales

tormenta (f)	ʿāṣefa raʿdiya (f)	عاصفة رعدية
relámpago (m)	barʾ (m)	برق
relampaguear (vi)	baraq	برق
trueno (m)	raʿd (m)	رعد
tronar (vi)	dawa	دوّى
está tronando	el samāʾ dawat raʿd (f)	السماء دوّت رعد
granizo (m)	maṭar bard (m)	مطر برد
está granizando	maṭṭaret bard	مطّرت برد
inundar (vt)	ɣamar	غمر
inundación (f)	fayaḍān (m)	فيضان
terremoto (m)	zelzāl (m)	زلزال
sacudida (f)	hazza arḍiya (f)	هزّة أرضية
epicentro (m)	markaz el zelzāl (m)	مركز الزلزال
erupción (f)	sawarān (m)	ثوّران
lava (f)	ḥomam borkāniya (pl)	حمم بركانية
torbellino (m), tornado (m)	eʿṣār (m)	إعصار
tifón (m)	tyfūn (m)	طوفان
huracán (m)	eʿṣār (m)	إعصار
tempestad (f)	ʿāṣefa (f)	عاصفة
tsunami (m)	tsunāmy (m)	تسونامي
ciclón (m)	eʿṣār (m)	إعصار
mal tiempo (m)	ṭaʾs sayeʾ (m)	طقس سيئ
incendio (m)	ḥarīʾ (m)	حريق
catástrofe (f)	karsa (f)	كارثة
meteorito (m)	nayzek (m)	نيّزك
avalancha (f)	enheyār talgy (m)	إنهيار ثلجي
alud (m) de nieve	enheyār talgy (m)	إنهيار ثلجي
ventisca (f)	ʿāṣefa talgiya (f)	عاصفة ثلجيّة
nevasca (f)	ʿāṣefa talgiya (f)	عاصفة ثلجيّة

La fauna

174. Los mamíferos. Los predadores

carnívoro (m)	moftares (m)	مفترس
tigre (m)	nemr (m)	نمر
león (m)	asad (m)	أسد
lobo (m)	ze'b (m)	ذئب
zorro (m)	ta'lab (m)	ثعلب
jaguar (m)	nemr amrīky (m)	نمر أمريكي
leopardo (m)	fahd (m)	فهد
guepardo (m)	fahd ṣayād (m)	فهد صيّاد
pantera (f)	nemr aswad (m)	نمر أسوّد
puma (f)	asad el gebāl (m)	أسد الجبال
leopardo (m) de las nieves	nemr el tolūg (m)	نمر الثلوج
lince (m)	waʃaq (m)	وشق
coyote (m)	qayūṭ (m)	قيوط
chacal (m)	ebn 'āwy (m)	ابن آوى
hiena (f)	ḍeb' (m)	ضبع

175. Los animales salvajes

animal (m)	ḥayawān (m)	حيوان
bestia (f)	waḥʃ (m)	وحش
ardilla (f)	sengāb (m)	سنجاب
erizo (m)	qonfoz (m)	قنفذ
liebre (f)	arnab barry (m)	أرنب برّي
conejo (m)	arnab (m)	أرنب
tejón (m)	ɣarīr (m)	غرير
mapache (m)	rakūn (m)	راكون
hámster (m)	hamster (m)	هامستر
marmota (f)	marmoṭ (m)	مرموط
topo (m)	χold (m)	خلد
ratón (m)	fār (m)	فأر
rata (f)	gerz (m)	جرذ
murciélago (m)	χoffāʃ (m)	خفّاش
armiño (m)	qāqem (m)	قاقم
cebellina (f)	sammūr (m)	سمّور
marta (f)	fara'īāt (m)	فرائيات
comadreja (f)	ebn 'ers (m)	ابن عرس
visón (m)	mink (m)	منك

castor (m)	qondos (m)	قندس
nutria (f)	taʿlab maya (m)	ثعلب الميّة
caballo (m)	ḥoṣān (m)	حصان
alce (m)	eyl el mūz (m)	أيّل الموظ
ciervo (m)	ayl (m)	أيل
camello (m)	gamal (m)	جمل
bisonte (m)	bison (m)	بيسون
uro (m)	byson orobby (m)	بيسون أوروبي
búfalo (m)	gamūs (m)	جاموس
cebra (f)	ḥomār waḥʃy (m)	حمار وحشي
antílope (m)	ẓaby (m)	ظبي
corzo (m)	yaḥmūr orobby (m)	يحمورأوروبيّ
gamo (m)	eyl asmar orobby (m)	أيّل أسمر أوروبي
gamuza (f)	ʃamwah (f)	شامواه
jabalí (m)	χenzīr barry (m)	خنزير برّي
ballena (f)	ḥūt (m)	حوت
foca (f)	foqma (f)	فقمة
morsa (f)	el kabʿ (m)	الكبع
oso (m) marino	foqmet el farāʾ (f)	فقمة الفراء
delfín (m)	dolfīn (m)	دولفين
oso (m)	dobb (m)	دبّ
oso (m) blanco	dobb ʾoṭṭby (m)	دبّ قطبي
panda (f)	banda (m)	باندا
mono (m)	ʾerd (m)	قرد
chimpancé (m)	ʃimbanzy (m)	شيمبانزي
orangután (m)	orangutan (m)	أورنغوتان
gorila (m)	ɣorella (f)	غوريلا
macaco (m)	ʾerd el makāk (m)	قرد المكاك
gibón (m)	gibbon (m)	جيبون
elefante (m)	fīl (m)	فيل
rinoceronte (m)	χartīt (m)	خرتيت
jirafa (f)	zarāfa (f)	زرافة
hipopótamo (m)	faras el nahr (m)	فرس النهر
canguro (m)	kangarū (m)	كانجّارو
koala (f)	el koala (m)	الكوالا
mangosta (f)	nems (m)	نمس
chinchilla (f)	ʃenʃīla (f)	شنشيلة
mofeta (f)	ẓerbān (m)	ظربان
espín (m)	nīṣ (m)	نيص

176. Los animales domésticos

gata (f)	ʾoṭṭa (f)	قطّة
gato (m)	ʾoṭṭ (m)	قطّ
perro (m)	kalb (m)	كلب

caballo (m)	ḥoṣān (m)	حصان
garañón (m)	χeyl faḥl (m)	خيل فحل
yegua (f)	faras (f)	فرس
vaca (f)	ba'ara (f)	بقرة
toro (m)	sore (m)	ثور
buey (m)	sore (m)	ثور
oveja (f)	χarūf (f)	خروف
carnero (m)	kebʃ (m)	كبش
cabra (f)	me'za (f)	معزة
cabrón (m)	mā'ez zakar (m)	ماعز ذكر
asno (m)	ḥomār (m)	حمار
mulo (m)	baɣl (m)	بغل
cerdo (m)	χenzīr (m)	خنزير
cerdito (m)	χannūṣ (m)	خنّوص
conejo (m)	arnab (m)	أرنب
gallina (f)	farχa (f)	فرخة
gallo (m)	dīk (m)	ديك
pato (m)	baṭṭa (f)	بطّة
ánade (m)	dakar el baṭṭ (m)	ذكر البط
ganso (m)	wezza (f)	وزّة
pavo (m)	dīk rūmy (m)	ديك رومي
pava (f)	dīk rūmy (m)	ديك رومي
animales (m pl) domésticos	ḥayawānāt dawāgen (pl)	حيوانات دواجن
domesticado (adj)	alīf	أليف
domesticar (vt)	rawweḍ	روّض
criar (vt)	rabba	ربّى
granja (f)	mazra'a (f)	مزرعة
aves (f pl) de corral	dawāgen (pl)	دواجن
ganado (m)	māʃeya (f)	ماشية
rebaño (m)	qaṭee' (m)	قطيع
caballeriza (f)	esṭabl χeyl (m)	إسطبل خيل
porqueriza (f)	ḥazīret χanazīr (f)	حظيرة الخنازير
vaquería (f)	zerībet el ba'ar (f)	زريبة البقر
conejal (m)	qan el arāneb (m)	قن الأرانب
gallinero (m)	qan el ferāχ (m)	قن الفراخ

177. Los perros. Las razas de perros

perro (m)	kalb (m)	كلب
perro (m) pastor	kalb rā'y (m)	كلب رعي
pastor (m) alemán	kalb rā'y almāny (m)	كلب راعي ألمانيّ
caniche (m)	būdle (m)	بودل
teckel (m)	daʃhund (m)	داشهند
bulldog (m)	bulldog (m)	بولدوج

bóxer (m)	bokser (m)	بوكسر
mastín (m) inglés	mastiff (m)	ماستيف
rottweiler (m)	rottfeyler (m)	روت فايلر
doberman (m)	doberman (m)	دوبرمان
basset hound (m)	basset (m)	باسيت
bobtail (m)	bobtayl (m)	بوبتيل
dálmata (m)	delmāṭy (m)	دلماطي
cocker spaniel (m)	kokker spaniel (m)	كوكر سبانييل
terranova (m)	nyu faundland (m)	نيوفاوندلاند
san bernardo (m)	sant bernard (m)	سانت بيرنارد
husky (m)	hasky (m)	هاسكي
chow chow (m)	tʃaw tʃaw (m)	تشاوتشاو
pomerania (m)	esbitz (m)	إسبتز
pug (m), carlino (m)	bug (m)	بج

178. Los sonidos de los animales

ladrido (m)	nebāḥ (m)	نباح
ladrar (vi)	nabaḥ	نبح
maullar (vi)	mawmaw	موموّ
ronronear (vi)	χarχar	خرخر
mugir (vi)	χār	خار
bramar (toro)	χār	خار
rugir (vi)	damdam	دمدم
aullido (m)	ʿawāʾ (m)	عواء
aullar (vi)	ʿawa	عوى
gañir (vi)	ann	أنّ
balar (vi)	maʾmaʾ	مأمأ
gruñir (cerdo)	qabaʿ	قبع
chillar (vi)	qabaʿ	قبع
croar (vi)	naʾʾ	نقّ
zumbar (vi)	ṭann	طنّ
chirriar (vi)	ʿarʿar	عرعر

179. Los pájaros

pájaro (m)	ṭāʾer (m)	طائر
paloma (f)	ḥamāma (f)	حمامة
gorrión (m)	ʿaṣfūr dawri (m)	عصفور دوري
carbonero (m)	qarqaf (m)	قرقف
urraca (f)	ʿaʾʿaʾ (m)	عقعق
cuervo (m)	ɣorāb aswad (m)	غراب أسود
corneja (f)	ɣorāb (m)	غراب
chova (f)	zāɣ zarʿy (m)	زاغ زرعي

grajo (m)	ɣorāb el qeyẓ (m)	غراب القيظ
pato (m)	baṭṭa (f)	بطّة
ganso (m)	wezza (f)	وزّة
faisán (m)	tadarrog (m)	تدرج
águila (f)	ʿeqāb (m)	عقاب
azor (m)	el bāz (m)	الباز
halcón (m)	ṣaʾr (m)	صقر
buitre (m)	nesr (m)	نسر
cóndor (m)	kondor (m)	كندور
cisne (m)	el temm (m)	التّم
grulla (f)	karkiya (m)	كركية
cigüeña (f)	loqloq (m)	لقلق
loro (m), papagayo (m)	babaɣāʾ (m)	ببغاء
colibrí (m)	ṭannān (m)	طنّان
pavo (m) real	ṭawūs (m)	طاووس
avestruz (m)	naʿāma (f)	نعامة
garza (f)	belʃone (m)	بلشون
flamenco (m)	flamingo (m)	فلامينجو
pelícano (m)	bagʿa (f)	بجعة
ruiseñor (m)	ʿandalīb (m)	عندليب
golondrina (f)	el sonūnū (m)	السنونو
tordo (m)	somnet el ḥoqūl (m)	سمنة الحقول
zorzal (m)	somna moɣarreda (m)	سمنة مغرّدة
mirlo (m)	ʃaḥrūr aswad (m)	شحرور أسود
vencejo (m)	semmāma (m)	سمّامة
alondra (f)	qabra (f)	قبرة
codorniz (f)	semmān (m)	سمّان
pájaro carpintero (m)	naʾār el χaʃab (m)	نقار الخشب
cuco (m)	weqwāq (m)	وقواق
lechuza (f)	būma (f)	بومة
búho (m)	būm orāsy (m)	بوم أوراسي
urogallo (m)	dīk el χalang (m)	ديك الخلنج
gallo lira (m)	ṭyhūg aswad (m)	طيهوج أسوّد
perdiz (f)	el ḥagal (m)	الحجل
estornino (m)	zerzūr (m)	زرزور
canario (m)	kanāry (m)	كناري
ortega (f)	ṭyhūg el bondoʾ (m)	طيهوج البندق
pinzón (m)	ʃarʃūr (m)	شرشور
camachuelo (m)	deɣnāʃ (m)	دغناش
gaviota (f)	nawras (m)	نورس
albatros (m)	el qoṭros (m)	القطرس
pingüino (m)	beṭrīq (m)	بطريق

180. Los pájaros. El canto y los sonidos

cantar (vi)	ɣanna	غنّى
gritar, llamar (vi)	nāda	نادى
cantar (el gallo)	ṣāḥ	صاح
quiquiriquí (m)	kokokūko	كوكوكوكو
cloquear (vi)	kāky	كاكي
graznar (vi)	naʿaq	نعق
graznar, parpar (vi)	baṭbaṭ	بطبط
piar (vi)	ṣawṣaw	صوّصوّ
gorjear (vi)	zaʾzaʾ	زقزق

181. Los peces. Los animales marinos

brema (f)	abramīs (m)	أبراميس
carpa (f)	ʃabbūṭ (m)	شبّوط
perca (f)	farχ (m)	فرخ
siluro (m)	ʾarmūṭ (m)	قرموط
lucio (m)	karāky (m)	كراكي
salmón (m)	salamon (m)	سلمون
esturión (m)	ḥafʃ (m)	حفش
arenque (m)	renga (f)	رنجة
salmón (m) del Atlántico	salamon aṭlasy (m)	سلمون أطلسي
caballa (f)	makerel (m)	ماكريل
lenguado (m)	samak mefalṭah (f)	سمك مفلطح
lucioperca (f)	samak sandar (m)	سمك سندر
bacalao (m)	el qadd (m)	القد
atún (m)	tuna (f)	تونة
trucha (f)	salamon meraʾʾaṭ (m)	سلمون مرقّط
anguila (f)	ḥankalīs (m)	حنكليس
raya (f) eléctrica	raʿād (m)	رعاد
morena (f)	moraya (f)	موراىية
piraña (f)	bīrana (f)	بيرانا
tiburón (m)	ʾerʃ (m)	قرش
delfín (m)	dolfīn (m)	دولفين
ballena (f)	ḥūt (m)	حوت
centolla (f)	kaboria (m)	كابوريا
medusa (f)	ʾandīl el baḥr (m)	قنديل البحر
pulpo (m)	aχṭabūṭ (m)	أخطبوط
estrella (f) de mar	negmet el baḥr (f)	نجمة البحر
erizo (m) de mar	qonfoz el baḥr (m)	قنفذ البحر
caballito (m) de mar	ḥoṣān el baḥr (m)	حصان البحر
ostra (f)	maḥār (m)	محار
camarón (m)	gammbary (m)	جمّبري

bogavante (m)	estakoza (f)	استكوزا
langosta (f)	estakoza (m)	استاكوزا

182. Los anfibios. Los reptiles

serpiente (f)	teʿbān (m)	ثعبان
venenoso (adj)	sām	سام
víbora (f)	afʿa (f)	أفعى
cobra (f)	kobra (m)	كوبرا
pitón (m)	teʿbān byton (m)	ثعبان بايثون
boa (f)	bawāʾ el ʿaṣera (f)	بواء العاصرة
culebra (f)	teʿbān el ʿoʃb (m)	ثعبان العشب
serpiente (m) de cascabel	afʿa megalgela (f)	أفعى مجلجلة
anaconda (f)	anakonda (f)	أناكوندا
lagarto (m)	seḥliya (f)	سحليّة
iguana (f)	eɣwana (f)	إغوانة
varano (m)	warl (m)	ورل
salamandra (f)	salamander (m)	سلمندر
camaleón (m)	ḥerbāya (f)	حرباية
escorpión (m)	ʿaʾrab (m)	عقرب
tortuga (f)	solḥefah (f)	سلحفاة
rana (f)	ḍeffḍaʿ (m)	ضفدع
sapo (m)	ḍeffḍaʿ el ṭeyn (m)	ضفدع الطين
cocodrilo (m)	temsāḥ (m)	تمساح

183. Los insectos

insecto (m)	ḥaʃara (f)	حشرة
mariposa (f)	farāʃa (f)	فراشة
hormiga (f)	namla (f)	نملة
mosca (f)	debbāna (f)	دبّانة
mosquito (m) (picadura de ~)	namūsa (f)	ناموسة
escarabajo (m)	χonfesa (f)	خنفسة
avispa (f)	dabbūr (m)	دبّور
abeja (f)	naḥla (f)	نحلة
abejorro (m)	naḥla ṭannāna (f)	نحلة طنّانة
moscardón (m)	naʿra (f)	نعرة
araña (f)	ʿankabūt (m)	عنكبوت
telaraña (f)	nasīg ʿankabūt (m)	نسيج عنكبوت
libélula (f)	yaʿsūb (m)	يعسوب
saltamontes (m)	garād (m)	جراد
mariposa (f) nocturna	ʿetta (f)	عتّة
cucaracha (f)	ṣarṣūr (m)	صرصور
garrapata (f)	qarāda (f)	قرادة

pulga (f)	baryūt (m)	برغوث
mosca (f) negra	ba'ūḍa (f)	بعوضة
langosta (f)	garād (m)	جراد
caracol (m)	ḥalazōn (m)	حلزون
grillo (m)	ṣarṣūr el ḥaql (m)	صرصور الحقل
luciérnaga (f)	yarā'a (f)	يراعة
mariquita (f)	χonfesa mena'ṭṭa (f)	خنفسة منقّطة
sanjuanero (m)	χonfesa motlefa lel nabāt (f)	خنفسة متلّفة للنبات
sanguijuela (f)	'alaqa (f)	علقة
oruga (f)	yasrū' (m)	يسروع
lombriz (m) de tierra	dūda (f)	دودة
larva (f)	yaraqa (f)	يرقة

184. Los animales. Las partes del cuerpo

pico (m)	monqār (m)	منقار
alas (f pl)	agneḥa (pl)	أجنحة
pata (f)	regl (f)	رجل
plumaje (m)	rīʃ (m)	ريش
pluma (f)	rīʃa (f)	ريشة
penacho (m)	'orf el dīk (m)	عرف الديك
branquias (f pl)	χāyaʃīm (pl)	خياشيم
huevas (f pl)	beyḍ el samak (pl)	بيض السمك
larva (f)	yaraqa (f)	يرقة
aleta (f)	za'nafa (f)	زعنفة
escamas (f pl)	ḥarāfeʃ (pl)	حرافش
colmillo (m)	nāb (m)	ناب
garra (f), pata (f)	yad (f)	يد
hocico (m)	χaṭm (m)	خطم
boca (f)	bo' (m)	بوء
cola (f)	deyl (m)	ذيل
bigotes (m pl)	ʃawāreb (pl)	شوارب
casco (m) (pezuña)	ḥāfer (m)	حافر
cuerno (m)	'arn (m)	قرن
caparazón (m)	der' (m)	درع
concha (f) (de moluscos)	maḥāra (f)	محارة
cáscara (f) (de huevo)	'eʃret beyḍa (f)	قشرة بيضة
pelo (m) (de perro)	ʃa'r (m)	شعر
piel (f) (de vaca, etc.)	geld (m)	جلد

185. Los animales. El hábitat

hábitat (m)	mawṭen (m)	موّطن
migración (f)	hegra (f)	هجرة
montaña (f)	gabal (m)	جبل

arrecife (m)	ʃoʿāb (pl)	شعاب
roca (f)	garf (m)	جرف
bosque (m)	ɣāba (f)	غابة
jungla (f)	adɣāl (pl)	أدغال
sabana (f)	savanna (f)	سافانّا
tundra (f)	tundra (f)	تندرا
estepa (f)	barāry (pl)	براري
desierto (m)	ṣaḥra' (f)	صحراء
oasis (m)	wāḥa (f)	واحة
mar (m)	baḥr (m)	بحر
lago (m)	boḥeyra (f)	بحيرة
océano (m)	moḥīṭ (m)	محيط
pantano (m)	mostanqaʿ (m)	مستنقع
de agua dulce (adj)	maya ʿazba	ميّة عذبة
estanque (m)	berka (f)	بركة
río (m)	nahr (m)	نهر
cubil (m)	wekr (m)	وكر
nido (m)	ʿeʃ (m)	عشّ
agujero (m)	gofe (m)	جوف
madriguera (f)	goḥr (m)	جحر
hormiguero (m)	ʿeʃ naml (m)	عش نمل

La flora

186. Los árboles

árbol (m)	ʃagara (f)	شجرة
foliáceo (adj)	nafḍiya	نفضيّة
conífero (adj)	ṣonoberiya	صنوبرية
de hoja perenne	dāʾemet el χoḍra	دائمة الخضرة
manzano (m)	ʃagaret toffāḥ (f)	شجرة تفّاح
peral (m)	ʃagaret komettra (f)	شجرة كمثّرى
cerezo (m), guindo (m)	ʃagaret karaz (f)	شجرة كرز
ciruelo (m)	ʃagaret barʾūʾ (f)	شجرة برقوق
abedul (m)	batola (f)	بتولا
roble (m)	ballūṭ (f)	بلّوط
tilo (m)	zayzafūn (f)	زيزفون
pobo (m)	ḥūr rāgef	حور راجف
arce (m)	qayqab (f)	قيقب
pícea (f)	rateng (f)	راتينج
pino (m)	ṣonober (f)	صنوبر
alerce (m)	arziya (f)	أرزية
abeto (m)	tanūb (f)	تنوب
cedro (m)	el orz (f)	الأرز
álamo (m)	ḥūr (f)	حور
serbal (m)	ɣobayrāʾ (f)	غبيراء
sauce (m)	ṣefsāf (f)	صفصاف
aliso (m)	gār el māʾ (m)	جار الماء
haya (f)	el zān (f)	الزان
olmo (m)	derdar (f)	دردار
fresno (m)	marān (f)	مران
castaño (m)	kastanāʾ (f)	كستناء
magnolia (f)	maɣnolia (f)	ماغنوليا
palmera (f)	naχla (f)	نخلة
ciprés (m)	el soro (f)	السرو
mangle (m)	mangrūf (f)	مانجروف
baobab (m)	baobab (f)	باوباب
eucalipto (m)	eukalyptus (f)	أوكالبتوس
secoya (f)	sequoia (f)	سيكويا

187. Los arbustos

mata (f)	ʃogeyra (f)	شجيرة
arbusto (m)	ʃogayrāt (pl)	شجيرات

vid (f)	karma (f)	كرمة
viñedo (m)	karam (m)	كرم
frambueso (m)	zar'et tūt el 'alī' el aḥmar (f)	زرعة توت العليق الأحمر
grosellero (m) rojo	keʃmeʃ aḥmar (m)	كشمش أحمر
grosellero (m) espinoso	'enab el sa'lab (m)	عنب الثعلب
acacia (f)	aqaqia (f)	أقاقيا
berberís (m)	berbarīs (m)	بربريس
jazmín (m)	yasmīn (m)	ياسمين
enebro (m)	'ar'ar (m)	عرعر
rosal (m)	ʃogeyret ward (f)	شجيرة ورد
escaramujo (m)	ward el seyāg (pl)	ورد السياج

188. Los hongos

seta (f)	feṭr (f)	فطر
seta (f) comestible	feṭr ṣāleḥ lel akl (m)	فطر صالح للأكل
seta (f) venenosa	feṭr sām (m)	فطر سام
sombrerete (m)	ṭarbūʃ el feṭr (m)	طربوش الفطر
estipe (m)	sāq el feṭr (m)	ساق الفطر
seta calabaza (f)	feṭr boleṭe ma'kūl (m)	فطر بوليط مأكول
boleto (m) castaño	feṭr aḥmar (m)	فطر أحمر
boleto (m) áspero	feṭr boleṭe (m)	فطر بوليط
rebozuelo (m)	feṭr el ʃanterel (m)	فطر الشانتريل
rúsula (f)	feṭr russula (m)	فطر روسولا
colmenilla (f)	feṭr el ɣoʃna (m)	فطر الغوشنة
matamoscas (m)	feṭr amanīt el ṭā'er (m)	فطر أمانيت الطائر
oronja (f) verde	feṭr amanīt falusyāny el sām (m)	فطر أمانيت فالوسياني السام

189. Las frutas. Las bayas

fruto (m)	tamra (f)	تمرة
frutos (m pl)	tamr (m)	تمر
manzana (f)	toffāḥa (f)	تفّاحة
pera (f)	komettra (f)	كمّثرى
ciruela (f)	bar'ū' (m)	برقوق
fresa (f)	farawla (f)	فراولة
guinda (f), cereza (f)	karaz (m)	كرز
uva (f)	'enab (m)	عنب
frambuesa (f)	tūt el 'alī' el aḥmar (m)	توت العليق الأحمر
grosella (f) negra	keʃmeʃ aswad (m)	كشمش أسود
grosella (f) roja	keʃmeʃ aḥmar (m)	كشمش أحمر
grosella (f) espinosa	'enab el sa'lab (m)	عنب الثعلب
arándano (m) agrio	'enabiya ḥāda el xebā' (m)	عنبية حادة الخباء
naranja (f)	bortoqāl (m)	برتقال

mandarina (f)	yosfy (m)	يوسفي
piña (f)	ananās (m)	أناناس
banana (f)	moze (m)	موز
dátil (m)	tamr (m)	تمر
limón (m)	lymūn (m)	ليمون
albaricoque (m)	meʃmeʃ (f)	مشمش
melocotón (m)	χawχa (f)	خوخة
kiwi (m)	kiwi (m)	كيوي
toronja (f)	grabe frūt (m)	جريب فروت
baya (f)	tūt (m)	توت
bayas (f pl)	tūt (pl)	توت
arándano (m) rojo	ʿenab el sore (m)	عنب الثور
fresa (f) silvestre	farawla barriya (f)	فراولة بريّة
arándano (m)	ʿenab al aḥrāg (m)	عنب الأحراج

190. Las flores. Las plantas

flor (f)	zahra (f)	زهرة
ramo (m) de flores	bokeyh (f)	بوكيه
rosa (f)	warda (f)	وردة
tulipán (m)	tolīb (f)	توليب
clavel (m)	ʾoronfol (m)	قرنفل
gladiolo (m)	el dalbūs (f)	الدَّلَبُوثُ
aciano (m)	qanṭeryūn ʿanbary (m)	قنطريون عنبري
campanilla (f)	garīs mostadīr el awrāʾ (m)	جريس مستدير الأوراق
diente (m) de león	handabāʾ (f)	هندباء
manzanilla (f)	kamomile (f)	كاموميل
áloe (m)	el alowa (m)	الألوّة
cacto (m)	ṣabbār (m)	صبّار
ficus (m)	faykas (m)	فيكس
azucena (f)	zanbaq (f)	زنبق
geranio (m)	ɣarnūqy (f)	غرنوقي
jacinto (m)	el lavender (f)	اللافندر
mimosa (f)	mimoza (f)	ميموزا
narciso (m)	nerges (f)	نرجس
capuchina (f)	abo χangar (f)	أبو خنجر
orquídea (f)	orkid (f)	أوركيد
peonía (f)	fawnia (f)	فاوانيا
violeta (f)	el banafseg (f)	البنفسج
trinitaria (f)	bansy (f)	بانسي
nomeolvides (f)	ʾāzān el faʾr (pl)	آذان الفأر
margarita (f)	aqwaḥān (f)	أقحوان
amapola (f)	el χoʃχāʃ (f)	الخشخاش
cáñamo (m)	qanb (m)	قنب

menta (f)	neʿnāʿ (m)	نعناع
muguete (m)	zanbaq el wādy (f)	زنبق الوادي
campanilla (f) de las nieves	zahrat el laban (f)	زهرة اللبن
ortiga (f)	ʾarrāṣ (m)	قرّاص
acedera (f)	ḥammāḍ bostāny (m)	حمّاض بستاني
nenúfar (m)	niloferiya (f)	نيلوفرية
helecho (m)	sarχas (m)	سرخس
liquen (m)	aʃna (f)	أشنة
invernadero (m) tropical	ṣoba (f)	صوبة
césped (m)	ʿoʃb aχḍar (m)	عشب أخضر
macizo (m) de flores	geneynet zohūr (f)	جنينة زهور
planta (f)	nabāt (m)	نبات
hierba (f)	ʿoʃb (m)	عشب
hoja (f) de hierba	ʿoʃba (f)	عشبة
hoja (f)	waraʾa (f)	ورقة
pétalo (m)	waraʾet el zahra (f)	ورقة الزهرة
tallo (m)	sāq (f)	ساق
tubérculo (m)	darna (f)	درنة
retoño (m)	nabta saɣīra (f)	نبتة صغيرة
espina (f)	ʃawka (f)	شوكة
florecer (vi)	fattaḥet	فتّحت
marchitarse (vr)	debel	ذبل
olor (m)	rīḥa (f)	ريحة
cortar (vt)	ʾaṭaʿ	قطع
coger (una flor)	ʾaṭaf	قطف

191. Los cereales, los granos

grano (m)	ḥobūb (pl)	حبوب
cereales (m pl) (plantas)	maḥaṣīl el ḥubūb (pl)	محاصيل الحبوب
espiga (f)	sonbola (f)	سنبلة
trigo (m)	ʾamḥ (m)	قمح
centeno (m)	ʃelm mazrūʿ (m)	شيلم مزروع
avena (f)	ʃofān (m)	شوفان
mijo (m)	el deχn (m)	الدُخن
cebada (f)	ʃeʿīr (m)	شعير
maíz (m)	dora (f)	ذرة
arroz (m)	rozz (m)	رزّ
alforfón (m)	ḥanṭa sodaʾ (f)	حنطة سوداء
guisante (m)	besella (f)	بسلّة
fréjol (m)	faṣolya (f)	فاصوليا
soya (f)	fūl el ṣoya (m)	فول الصويا
lenteja (f)	ʿads (m)	عدس
habas (f pl)	fūl (m)	فول

GEOGRAFÍA REGIONAL

192. La política. El gobierno. Unidad 1

política (f)	seyāsa (f)	سياسة
político (adj)	seyāsy	سياسي
político (m)	seyāsy (m)	سياسي
estado (m)	dawla (f)	دولة
ciudadano (m)	mowāṭen (m)	مواطن
ciudadanía (f)	mewaṭna (f)	مواطنة
escudo (m) nacional	ʃeʿār waṭany (m)	شعار وطني
himno (m) nacional	naʃīd waṭany (m)	نشيد وطني
gobierno (m)	ḥokūma (f)	حكومة
jefe (m) de estado	raʾs el dawla (m)	رأس الدولة
parlamento (m)	barlamān (m)	برلمان
partido (m)	ḥezb (m)	حزب
capitalismo (m)	raʾsmaliya (f)	رأسماليّة
capitalista (adj)	raʾsmāly	رأسمالي
socialismo (m)	eʃterakiya (f)	إشتراكيّة
socialista (adj)	eʃterāky	إشتراكي
comunismo (m)	ʃeyūʿiya (f)	شيوعيّة
comunista (adj)	ʃeyūʿy	شيوعي
comunista (m)	ʃeyūʿy (m)	شيوعي
democracia (f)	dīmoqraṭiya (f)	ديموقراطيّة
demócrata (m)	demoqrāṭy (m)	ديموقراطي
democrático (adj)	demoqrāṭy	ديموقراطي
Partido (m) Democrático	el ḥezb el demokrāṭy (m)	الحزب الديموقراطي
liberal (m)	librāly (m)	ليبرالي
liberal (adj)	librāly	ليبرالي
conservador (m)	moḥāfeẓ (m)	محافظ
conservador (adj)	moḥāfeẓ	محافظ
república (f)	gomhoriya (f)	جمهورية
republicano (m)	gomhūry (m)	جمهوري
Partido (m) Republicano	el ḥezb el gomhūry (m)	الحزب الجمهوري
elecciones (f pl)	entaχabāt (pl)	إنتخابات
elegir (vi)	entaχab	إنتخب
elector (m)	nāχeb (m)	ناخب
campaña (f) electoral	ḥamla enteχabiya (f)	حملة إنتخابيّة
votación (f)	taṣwīt (m)	تصويت
votar (vi)	ṣawwat	صوّت

derecho (m) a voto	ḥa' el enteχāb (m)	حق الإنتخاب
candidato (m)	morasʃaḥ (m)	مرشّح
presentarse como candidato	rasʃaḥ nafsoh	رشّح نفسه
campaña (f)	ḥamla (f)	حملة
de oposición (adj)	mo'āreḍ	معارض
oposición (f)	mo'arḍa (f)	معارضة
visita (f)	zeyāra (f)	زيارة
visita (f) oficial	zeyāra rasmiya (f)	زيارة رسميّة
internacional (adj)	dawly	دوّلي
negociaciones (f pl)	mofawḍāt (pl)	مفاوضات
negociar (vi)	tafāwaḍ	تفاوض

193. La política. El gobierno. Unidad 2

sociedad (f)	mogtama' (m)	مجتمع
constitución (f)	dostūr (m)	دستور
poder (m)	solṭa (f)	سلطة
corrupción (f)	fasād (m)	فساد
ley (f)	qanūn (m)	قانون
legal (adj)	qanūny	قانوني
justicia (f)	'adāla (f)	عدالة
justo (adj)	'ādel	عادل
comité (m)	lagna (f)	لجنة
proyecto (m) de ley	maʃrū' qanūn (m)	مشروع قانون
presupuesto (m)	mowazna (f)	موازنة
política (f)	seyāsa (f)	سياسة
reforma (f)	eṣlāḥ (m)	إصلاح
radical (adj)	oṣūly	أصولي
potencia (f) (~ militar, etc.)	'owwa (f)	قوّة
poderoso (adj)	'awy	قوّي
partidario (m)	mo'ayed (m)	مؤيد
influencia (f)	ta'sīr (m)	تأثير
régimen (m)	nezām ḥokm (m)	نظام حكم
conflicto (m)	χelāf (m)	خلاف
complot (m)	mo'amra (f)	مؤامرة
provocación (f)	estefzāz (m)	إستفزاز
derrocar (al régimen)	asqaṭ	أسقط
derrocamiento (m)	esqāṭ (m)	إسقاط
revolución (f)	sawra (f)	ثوّرة
golpe (m) de estado	enqelāb (m)	إنقلاب
golpe (m) militar	enqelāb 'askary (m)	إنقلاب عسكري
crisis (f)	azma (f)	أزمة
recesión (f) económica	rokūd eqteṣādy (m)	ركود إقتصادي

manifestante (m)	motaẓāher (m)	متظاهر
manifestación (f)	mozahra (f)	مظاهرة
ley (f) marcial	ḥokm ʿorfy (m)	حكم عرفي
base (f) militar	qaʿeda ʿaskariya (f)	قاعدة عسكريّة
estabilidad (f)	esteqrār (m)	إستقرار
estable (adj)	mostaqerr	مستقرّ
explotación (f)	esteɣlāl (m)	إستغلال
explotar (vt)	estaɣall	إستغلّ
racismo (m)	ʿonṣoriya (f)	عنصريّة
racista (m)	ʿonṣory (m)	عنصري
fascismo (m)	faʃiya (f)	فاشيّة
fascista (m)	fāʃy (m)	فاشي

194. Los países. Miscelánea

extranjero (m)	agnaby (m)	أجنبي
extranjero (adj)	agnaby	أجنبي
en el extranjero	fel χāreg	في الخارج
emigrante (m)	mohāger (m)	مهاجر
emigración (f)	hegra (f)	هجرة
emigrar (vi)	hāgar	هاجر
Oeste (m)	el ɣarb (m)	الغرب
Oriente (m)	el ʃarʾ (m)	الشرق
Extremo Oriente (m)	el ʃarʾ el aqṣa (m)	الشرق الأقصى
civilización (f)	ḥaḍāra (f)	حضارة
humanidad (f)	el baʃariya (f)	البشريّة
mundo (m)	el ʿālam (m)	العالم
paz (f)	salām (m)	سلام
mundial (adj)	ʿālamy	عالمي
patria (f)	waṭan (m)	وطن
pueblo (m)	ʃaʿb (m)	شعب
población (f)	sokkān (pl)	سكّان
gente (f)	nās (pl)	ناس
nación (f)	omma (f)	أمّة
generación (f)	gīl (m)	جيل
territorio (m)	arḍ (f)	أرض
región (f)	manteʾa (f)	منطقة
estado (m) (parte de un país)	welāya (f)	ولاية
tradición (f)	taʾlīd (m)	تقليد
costumbre (f)	ʿāda (f)	عادة
ecología (f)	ʿelm el bīʾa (m)	علم البيئة
indio (m)	hendy aḥmar (m)	هندي أحمر
gitano (m)	ɣagary (m)	غجري
gitana (f)	ɣagariya (f)	غجريّة

gitano (adj)	ɣagary	غجري
imperio (m)	embraṭoriya (f)	إمبراطورية
colonia (f)	mostaʿmara (f)	مستعمرة
esclavitud (f)	ʿobūdiya (f)	عبودية
invasión (f)	ɣazw (m)	غزو
hambruna (f)	magāʿa (f)	مجاعة

195. Grupos religiosos principales. Las confesiones

religión (f)	dīn (m)	دين
religioso (adj)	dīny	ديني
creencia (f)	emān (m)	إيمان
creer (en Dios)	aman	أمن
creyente (m)	mo'men (m)	مؤمن
ateísmo (m)	el elḥād (m)	الإلحاد
ateo (m)	molḥed (m)	ملحد
cristianismo (m)	el masīḥiya (f)	المسيحيّة
cristiano (m)	mesīḥy (m)	مسيحي
cristiano (adj)	mesīḥy	مسيحي
catolicismo (m)	el kasolekiya (f)	الكاثوليكيّة
católico (m)	kasolīky (m)	كاثوليكي
católico (adj)	kasolīky	كاثوليكي
protestantismo (m)	brotestantiya (f)	بروتستانتية
Iglesia (f) protestante	el kenīsa el brotestantiya (f)	الكنيسة البروتستانتية
protestante (m)	brotestanty (m)	بروتستانتي
ortodoxia (f)	orsozeksiya (f)	الأرثوذكسيّة
Iglesia (f) ortodoxa	el kenīsa el orsozeksiya (f)	الكنيسة الأرثوذكسيّة
ortodoxo (m)	arsazoksy (m)	أرثوذكسي
presbiterianismo (m)	maʃīχiya (f)	مشيخية
Iglesia (f) presbiteriana	el kenīsa el maʃīχiya (f)	الكنيسة المشيخية
presbiteriano (m)	maʃīχiya (f)	مشيخية
Iglesia (f) luterana	el luseriya (f)	اللوثرية
luterano (m)	luterriya (m)	لوثرية
Iglesia (f) bautista	el kenīsa el meʿmedaniya (f)	الكنيسة المعمدانية
bautista (m)	meʿmedāny (m)	معمداني
Iglesia (f) anglicana	el kenīsa el anʒlekaniya (f)	الكنيسة الإنجليكانية
anglicano (m)	enʒelikāny (m)	أنجليكاني
mormonismo (m)	el moromoniya (f)	المورمونية
mormón (m)	mesīḥy mormōn (m)	مسيحي مرمون
judaísmo (m)	el yahūdiya (f)	اليهودية
judío (m)	yahūdy (m)	يهودي
budismo (m)	el būziya (f)	البوذية
budista (m)	būzy (m)	بوذي

hinduismo (m)	el hindūsiya (f)	الهندوسية
hinduista (m)	hendūsy (m)	هندوسي
Islam (m)	el islām (m)	الإسلام
musulmán (m)	muslim (m)	مسلم
musulmán (adj)	islāmy	إسلامي
chiísmo (m)	el mazhab el ʃeeʿy (m)	المذهب الشيعي
chiita (m)	ʃeeʿy (m)	شيعي
sunismo (m)	el mazhab el sunny (m)	المذهب السنّي
suní (m, f)	sunni (m)	سنّي

196. Las religiones. Los sacerdotes

sacerdote (m)	kāhen (m)	كاهن
Papa (m)	el bāba (m)	البابا
monje (m)	rāheb (m)	راهب
monja (f)	rāheba (f)	راهبة
pastor (m)	ʾessīs (m)	قسّيس
abad (m)	raʾīs el deyr (m)	رئيس الدير
vicario (m)	viqār (m)	فيقار
obispo (m)	asqof (m)	أسقف
cardenal (m)	kardinal (m)	كاردينال
predicador (m)	mobasʃer (m)	مبشّر
prédica (f)	tabʃīr (f)	تبشير
parroquianos (pl)	raʿyet el abraʃiya (f)	رعية الأبرشية
creyente (m)	moʾmen (m)	مؤمن
ateo (m)	molḥed (m)	ملحد

197. La fe. El cristianismo. El islamismo

Adán	ʾādam (m)	آدم
Eva	ḥawwāʾ (f)	حوّاء
Dios (m)	allah (m)	الله
Señor (m)	el rabb (m)	الربّ
el Todopoderoso	el qadīr (m)	القدير
pecado (m)	zanb (m)	ذنب
pecar (vi)	aznab	أذنب
pecador (m)	mozneb (m)	مذنب
pecadora (f)	mozneba (f)	مذنبة
infierno (m)	el gaḥīm (f)	الجحيم
paraíso (m)	el ganna (f)	الجنّة
Jesús	yasūʿ (m)	يسوع
Jesucristo (m)	yasūʿ el masīḥ (m)	يسوع المسيح

el Espíritu Santo	el rūḥ el qods (m)	الروح القدس
el Salvador	el masīḥ (m)	المسيح
la Virgen María	maryem el ʿazrāʾ (f)	مريم العذراء
el Diablo	el ʃaytān (m)	الشيطان
diabólico (adj)	ʃeytāny	شيطاني
Satán (m)	el ʃaytān (m)	الشيطان
satánico (adj)	ʃeytāny	شيطاني
ángel (m)	malāk (m)	ملاك
ángel (m) custodio	malāk ḥāres (m)	ملاك حارس
angelical (adj)	malāʾeky	ملائكي
apóstol (m)	rasūl (m)	رسول
arcángel (m)	el malāk el raʾīsy (m)	الملاك الرئيسي
anticristo (m)	el masīḥ el daggāl (m)	المسيح الدجّال
Iglesia (f)	el kenīsa (f)	الكنيسة
Biblia (f)	el ketāb el moqaddas (m)	الكتاب المقدّس
bíblico (adj)	tawrāty	توراتي
Antiguo Testamento (m)	el ʿahd el ʾadīm (m)	العهد القديم
Nuevo Testamento (m)	el ʿahd el gedīd (m)	العهد الجديد
Evangelio (m)	engīl (m)	إنجيل
Sagrada Escritura (f)	el ketāb el moqaddas (m)	الكتاب المقدّس
cielo (m)	el ganna (f)	الجنّة
mandamiento (m)	waṣiya (f)	وصيّة
profeta (m)	naby (m)	نبي
profecía (f)	nobūʾa (f)	نبوءة
Alá	allah (m)	الله
Mahoma	moḥammed (m)	محمّد
Corán, Korán (m)	el qorʾān (m)	القرآن
mezquita (f)	masged (m)	مسجد
mulá (m), mullah (m)	mullah (m)	ملا
oración (f)	ṣalāh (f)	صلاة
orar, rezar (vi)	ṣalla	صلّى
peregrinación (f)	ḥagg (m)	حج
peregrino (m)	ḥagg (m)	حاج
La Meca	makka el mokarrama (f)	مكة المكرّمة
iglesia (f)	kenīsa (f)	كنيسة
templo (m)	maʿbad (m)	معبد
catedral (f)	katedraʾiya (f)	كاتدرائية
gótico (adj)	qūṭy	قوطي
sinagoga (f)	kenīs (m)	كنيس
mezquita (f)	masged (m)	مسجد
capilla (f)	kenīsa saɣīra (f)	كنيسة صغيرة
abadía (f)	deyr (m)	دير
convento (m)	deyr (m)	دير
monasterio (m)	deyr (m)	دير
campana (f)	garas (m)	جرس

campanario (m)	borg el garas (m)	برج الجرس
sonar (vi)	da''	دق
cruz (f)	ṣalīb (m)	صليب
cúpula (f)	'obba (f)	قبّة
icono (m)	ramz (m)	رمز
alma (f)	nafs (f)	نفس
destino (m)	maṣīr (m)	مصير
maldad (f)	ʃarr (m)	شرّ
bien (m)	χeyr (m)	خير
vampiro (m)	maṣṣāṣ demā' (m)	مصّاص دماء
bruja (f)	sāḥera (f)	ساحرة
demonio (m)	ʃeṭān (m)	شيطان
espíritu (m)	roḥe (m)	روح
redención (f)	takfīr (m)	تكفير
redimir (vt)	kaffar 'an	كفّر عن
culto (m), misa (f)	qedās (m)	قداس
decir misa	'ām be χedma dīniya	قام بخدمة دينية
confesión (f)	e'terāf (m)	إعتراف
confesarse (vr)	e'taraf	إعترف
santo (m)	qeddīs (m)	قدّيس
sagrado (adj)	moqaddas (m)	مقدّس
agua (f) santa	maya moqaddesa (f)	ماية مقدّسة
rito (m)	ʃa'ā'er (pl)	شعائر
ritual (adj)	ʃa'ā'ery	شعائري
sacrificio (m)	zabīḥa (f)	ذبيحة
superstición (f)	χorāfa (f)	خرافة
supersticioso (adj)	mo'men bel χorafāt (m)	مؤمن بالخرافات
vida (f) de ultratumba	aχra (f)	الآخرة
vida (f) eterna	ḥayat el abadiya (f)	حياة الأبدية

MISCELÁNEA

198. Varias palabras útiles

alto (m) (parada temporal)	estrāḥa (f)	إستراحة
ayuda (f)	mosa'da (f)	مساعدة
balance (m)	tawāzon (m)	توازن
barrera (f)	ḥāgez (m)	حاجز
base (f) (~ científica)	asās (m)	أساس
categoría (f)	fe'a (f)	فئة
causa (f)	sabab (m)	سبب
coincidencia (f)	ṣodfa (f)	صدفة
comienzo (m) (principio)	bedāya (f)	بداية
comparación (f)	moqarna (f)	مقارنة
compensación (f)	ta'wīḍ (m)	تعويض
confortable (adj)	morīḥ	مريح
cosa (f) (objeto)	ḥāga (f)	حاجة
crecimiento (m)	nomoww (m)	نموّ
desarrollo (m)	tanmeya (f)	تنمية
diferencia (f)	far' (m)	فرق
efecto (m)	ta'sīr (m)	تأثير
ejemplo (m)	mesāl (m)	مثال
variedad (f) (selección)	eχteyār (m)	إختيار
elemento (m)	'onṣor (m)	عنصر
error (m)	χaṭa' (m)	خطأ
esfuerzo (m)	mag-hūd (m)	مجهود
estándar (adj)	'ādy -qeyāsy	عادي, قياسي
estándar (m)	'eyās (m)	قياس
estilo (m)	oslūb (m)	أسلوب
fin (m)	nehāya (f)	نهاية
fondo (m) (color de ~)	χalefiya (f)	خلفية
forma (f) (contorno)	ʃakl (m)	شكل
frecuente (adj)	motakarrer (m)	متكرّر
grado (m) (en mayor ~)	daraga (f)	درجة
hecho (m)	ḥa'ī'a (f)	حقيقة
ideal (m)	mesāl (m)	مثال
laberinto (m)	matāha (f)	متاهة
modo (m) (de otro ~)	ṭarī'a (f)	طريقة
momento (m)	laḥza (f)	لحظة
objeto (m)	mawḍū' (m)	موضوع
obstáculo (m)	'aqaba (f)	عقبة
original (m)	aṣl (m)	أصل
parte (f)	goz' (m)	جزء

partícula (f)	gozʾ (m)	جزء
pausa (f)	estrāḥa (f)	إستراحة
posición (f)	mawqef (m)	موّقف
principio (m) (tener por ~)	mabdaʾ (m)	مبدأ
problema (m)	moʃkela (f)	مشكلة
proceso (m)	ʿamaliya (f)	عمليّة
progreso (m)	taʾaddom (m)	تقدّم
propiedad (f) (cualidad)	χaṣṣa (f)	خاصّة
reacción (f)	radd feʿl (m)	ردّ فعل
riesgo (m)	moχaṭra (f)	مخاطرة
secreto (m)	serr (m)	سرّ
serie (f)	selsela (f)	سلسلة
sistema (m)	nezām (m)	نظام
situación (f)	ḥāla (f), waḍʿ (m)	حالة, وضع
solución (f)	ḥall (m)	حلّ
tabla (f) (~ de multiplicar)	gadwal (m)	جدوّل
tempo (m) (ritmo)	eqāʿ (m)	إيقاع
término (m)	moṣṭalaḥ (m)	مصطلح
tipo (m) (p.ej. ~ de deportes)	nūʿ (m)	نوع
tipo (m) (no es mi ~)	nūʿ (m)	نوع
turno (m) (esperar su ~)	dore (m)	دور
urgente (adj)	mestaʿgel	مستعجل
urgentemente	be ʃakl ʿāgel	بشكل عاجل
utilidad (f)	manfʿa (f)	منفعة
variante (f)	ʃakl moχtalef (m)	شكل مختلف
verdad (f)	ḥaʾīʾa (f)	حقيقة
zona (f)	manteʾa (f)	منطقة

www.ingramcontent.com/pod-product-compliance
Lightning Source LLC
LaVergne TN
LVHW051342080426
835509LV00020BA/3255
* 9 7 8 1 7 8 7 1 6 7 3 5 3 *